T0365089

TANFACIL

ESTRUCTURA GRAMATICAL DEL INGLÉS

El enfoque MAS FACIL y nuevo hacia esos detalles que impiden
"atreverse a hablar"

OSCAR RODOLFO CASTRO Y CAMBEROS

Copyright © 2013 por Oscar Rodolfo Castro y Camberos.

Número de Control de la Biblioteca del Congreso de EE. UU.:   2013914024
ISBN: Tapa Dura   978-1-4633-5905-8
                Tapa Blanda   978-1-4633-5907-2
                Libro Electrónico   978-1-4633-5906-5

Todos los derechos reservados. Ninguna parte de este libro puede ser reproducida o transmitida de cualquier forma o por cualquier medio, electrónico o mecánico, incluyendo fotocopia, grabación, o por cualquier sistema de almacenamiento y recuperación, sin permiso escrito del propietario del copyright.

Este libro fue impreso en los Estados Unidos de América.

Fecha de revisión: 31/10/2013

Para realizar pedidos de este libro, contacte con:
Palibrio LLC
1663 Liberty Drive
Suite 200
Bloomington, IN 47403
Gratis desde EE. UU. al 877.407.5847
Gratis desde México al 01.800.288.2243
Gratis desde España al 900.866.949
Desde otro país al +1.812.671.9757
Fax: 01.812.355.1576
ventas@palibrio.com
473534

…………….. A esos grandes maestros:
mis alumnos
……………. Con mi más profundo
agradecimiento a quienes
colaboraron conmigo en esa
época de apoyo, trabajo y
ayuda desinteresada

INTRODUCCIÓN

En este *Tratado de Estructura Gramatical*, producto principalmente de los momentos en que mis alumnos me pusieron a sufrir la gota gorda para explicarles el por qué de tal o cual duda (y a quienes doy mi más profundo agradecimiento) se analizan aspectos básicos de la gramática y la forma práctica en que se utilizan en la formación de frases, oraciones, argumentos, enunciados (o como se estile llamárseles el día de hoy), con un enfoque a la manera de pensar de alguien de habla española enfrentándose a un idioma con una forma de estructura diametralmente opuesta: el inglés.

Las reglas que aquí se mencionan más que ser del orden gramatical son casi casi *recetas* para el ordenamiento de esos elementos que se requieren al expresar una idea. Aquí no se busca alcanzar el dominio de los nombres "pluscuanperfectos" sino la utilización de la forma gramatical adecuada, llámese como se llame, pero sobretodo, manteniendo el objetivo de dar los medios necesarios para poder empezar a hablar en el menor tiempo posible, y además, <u>correctamente</u>.

Cuando se estudia un idioma, por lo general se cae en el problema clàsico de *no atreverse a hablar*. No importa cuántas razones o "motivos de peso" se encuentren para justificar el *por qué* no nos atrevimos a hablar, o bien y en el mejor de los casos, por qué optamos por recurrir al nivel más elemental del idioma para expresarnos (yo lo llamo hablar al estilo Tarzán), haciendo a un lado todo aquello que pueda ir más allá de un presente simple y apoyándonos con exageración en el idioma universal de la *mímica*. Sea como sea, el motivo innegable acaba siendo la **falta de seguridad** para expresar lo que quisiéramos en la forma y tiempo gramaticales que deseamos.

No estoy en contra de ningún sistema de enseñanza: inductivo, comunicativo, estructural, etc., incluso de aquellos que *"hacen hablar" sin tocar aspectos gramaticales, igualito a como aprendimos a hablar nuestro idioma natal* (aunque después tuvimos que pasar muchas horas en la escuela estudiando el por qué de lo que aprendimos durante 16 horas diarias de práctica por varios años y así poder corregir muchas mañas adquiridas al hablar). Lo que sí pienso es que, analizando la diversidad de tiempos y formas gramaticales que utilizamos en una simple plática, más vale entender la *"forma de pensar del idioma"*, o dicho de otra manera, las

v

bases que es necesario utilizar para poder expresar correctamente una idea, aunque ello lleve por nombre GRAMATICA

"Mientras más tiempos y formas gramaticales se utilicen al hablar un idioma, mejor se podrá expresar y mayor seguridad se tendrá al hacerlo" (una gran verdad expresada por el Prof. O.C.C. y con lo cual se elimina el principal problema para atreverse a hablar).

Durante el tiempo que he impartido clases de ingles a nivel ejecutivo de empresas he podido constatar la ineficiencia de las metodologías utilizadas en la enseñanza del idioma (un punto que solamente lo señalo pero que no voy a profundizar por ser motivo diferente al que me ocupa), dejando una serie de *lagunas* en conceptos básicos para estructurar una frase y que remarcan el estilo de hablar basado en el sistema "perico" (algo que funciona bastante bien hasta el momento de tener que expresar algo en una forma que nunca nos hicieron repetir y mucho menos conocer el <u>por qué</u> y <u>cómo hacerlo)</u>.

Después de una sección en la cual se tienen conceptos útiles de consulta para saber cómo aplicarlos y que se irán repitiendo (y con ello espero que aprendiendo) en explicaciones y ejemplos, comienza otra sección denominada *"TODO LO QUE SIEMPRE QUISO SABER Y NADIE SE ATREVIO A EXPLICAR"* con la cual se entra en forma directa al manejo de los elementos necesarios para entender la mecánica del idioma y que nos llevará a poder expresar ideas tales como:

"Si yo hubiera tenido los medios, me habría sido posible haber estado presente".

Dentro de la última sección se tiene un enfoque hacia el conocimiento de aspectos más específicos necesarios para complementar una correcta expresión de ideas, teniéndose al final una lista de los principales verbos irregulares. Lo único que resta (y que no forma parte de éste tratado gramatical) es aumentar día a día el vocabulario, ya sea leyendo y/o escuchando transmisiones en inglés, pero sobretodo, *comenzando a tratar de expresar en inglés (aunque sea <u>mentalmente</u>) aquello que tenemos que expresar cotidianamente en español.*

Respecto a los ejemplos, se han incluido algunos durante la explicación del concepto que se esté tratando, seguido de una sección de ejercicios con sus correspondientes respuestas en los cuales se va practicando al mismo tiempo el uso de preguntas y negaciones. Es aquí en donde se aprovecha para dar a conocer la manera de expresar en inglés ciertas ideas y expresiones que utilizamos en nuestro idioma *y a las cuales no corresponde una traducción literal,* por lo que es de suma importancia hacer los ejercicios. Por último, al final del tema, se tiene una sección de ejercicios cuyas respuestas se encuentran más adelante *y que no son motivo de consulta al estar resolviendo los ejercicios.*

Estoy seguro que después de este tratado cualquier curso que se desee tomar será realmente aprovechado al máximo con suma facilidad y para aquellas personas que "ya hablen inglés" servirá para entender mejor el *por qué* de muchas cosas que parecían no tener lógica, ayudando así a su perfeccionamiento en el idioma.

A quien lo intente vayan mis mejores deseos de éxito.

Oscar Castro Camberos.

INDICE

PRIMERA PARTE

SEGUNDA PARTE

PRIMERA PARTE

TANFACIL

"La mente es como un paracaídas; si no se abre, de nada sirve."
(Anónimo)

PREFACIO

Independientemente de lo bien o mal que esté la forma de enseñanza convencional del inglés, el hecho es que así fue que aprendimos lo poco o mucho que hoy en día sabemos; lo que sí importa es que por ello hayamos llegado a considerar como normales (y ciertas) ideas tales como:

- "En inglés todo es al revés que en español"
- "En inglés hay más excepciones que reglas"
- "El *DO* utilizado para hacer una pregunta no tiene ningún significado; simplemente es algo que *así se usa* (¡y punto!).

Precisamente, en el caso del "DO" utilizado en preguntas la situación se agrava con lo que he denominado como:

"EFECTO de CONVERSIÓN INCONSCIENTE"
(ECI)

y que se refiere al proceso automático llevado a cabo por nuestra mente como ayuda para transformar lo que se está viendo a la forma en que estamos habituados a entender la misma idea en nuestro idioma.

Este proceso mental es como esto:

Si vemos la pregunta: ***Does he work here?***

lo que la mente debería indicarnos debiera ser:

¿Hace él trabajar aquí?

Sin embargo, el análisis de conversión es:
- *Does he...?*   .- se trata de una <u>pregunta</u> dirigida a "él".
- *Work*   .- la forma que le corresponde a la acción de trabajar dirigida a "él" es <u>trabaja</u>.
         (Work = trabaja)

1

- *Here* .- *Aquí.*
- *"Él"* .- en español no se indica.
- *La traducción es: ¿Trabaja aquí?*

y todo ello en forma prácticamente instantánea, hasta el punto en que sin importar que realmente estamos viendo una estructura que en forma literal nos está diciendo: *¿Hace él trabajar aquí?* la idea que manda el cerebro a nuestro consciente es: *¿Trabaja aquí?* referido a "él", al momento de ver de golpe la expresión en su forma total, algo de lo que tampoco nos percatamos.

Ya que la idea de este tratado es brindar seguridad para utilizar correctamente el idioma inglés y dado que en la gran mayoría de los casos ya existirá una influencia marcada de la manera convencional de explicar la razón de "hacer así las cosas", aunque en las primeras hojas se menciona cuál es la *realidad gramatical* del inglés, el contenido del tratado está adaptado a lo que se nos ha enseñado en la forma en que se nos ha enseñado, si bien para ello ha sido necesario recurrir a ciertas *mentiritas blancas* que sirvan (según lo he comprobado) para poder entender y aplicar correctamente, en forma fácil, la estructura gramatical del idioma inglés.

Así, por ejemplo, me permito adelantar tres casos:

1) El FUTURO se considera como un tiempo gramatical (al igual que en español), aunque en realidad no lo sea. Tomando como base su manejo se ha tomado como base de comparación con los demás conceptos del grupo al que pertenece, los *modales*, ya que dicho manejo es igual para todos ellos.

2) CAN se describe como un *"verbo especial por ser utilizado tanto como un verbo normal (al igual que en español) así como un verbo auxiliar"*, lo cual tampoco es gramaticalmente cierto ya que en español también se trata de un auxiliar, solo que para nosotros es un verbo y para el caso del inglés es un MODAL AUXILIAR, no un verbo.

3) Para el caso de convertir a pregunta una expresión que carece de un auxiliar, el cual se va a requerir para invertir la posición del *sujeto* con el *verbo auxiliar*, pero que si no existe en la expresión, ¿entonces qué?
   La solución fue considerar que "existe" el auxiliar aunque no se vea y que solo se hace presente cuando se le requiere, como si se tratara de un pequeño fantasma; de ahí que se le denominara como

2

"*Fantasmín*" (♯). La realidad está muy lejana (según se explica al principio de este Tratado) pero el resultado para el entendimiento y manejo correcto en la formulación de preguntas (y negaciones) bien lo justifica.

Desgraciadamente, por lo antes expuesto, nuestra mente no está acondicionada al análisis que implicaría aplicar lo real del manejo de este auxiliar; sin embargo, conocerlo es muy útil para aplicarlo cuando exista duda de cómo formular una pregunta o una negación.

El autor.

DISTRIBUCIÓN DEL CONTENIDO PRINCIPAL DEL TRATADO

Los temas de que consta este Tratado están distribuidos de la siguiente forma:

Primera parte:

Sección en la cual se tienen conceptos útiles de consulta para saber cómo aplicarlos y que se irán repitiendo en explicaciones y ejemplos.

Es de **básica importancia** leer las secciones:

**LA EXPRESIÓN BÁSICA Y LA RAZÓN DE UN AUXILIAR
ELEMENTOS DEL ORDEN BÁSICO GRAMATICAL**

En la sección **ALGO UTIL DE SABER para CONSULTAR y UTILIZAR (Pag. 39)** se tiene información que debe ser revisada, ya que constituye información que puede dar claridad en aquello que se desee expresar y que, si bien se volverá a tratar con mayor detalle en secciones subsecuentes, servirá como un apoyo inicial para la aplicación de los conceptos que se irán tratando.

También será de la **mayor importancia** el estudio, aprendizaje y *dominio* de los verbos auxiliares **To DO**, **To BE** y **To HAVE** en sus tiempos *presente* y *pasado*, ya que en ellos se basa la gramática del idioma inglés.

Los demás temas de esta sección son:

- Formación de infinitivos
- Imperativos
- Auxiliares
- Adjetivos y Pronombres posesivos
- Sentido de pertenencia
- Which, Whom, Whose
- Utilización del Participio
- Lista de los verbos cuyo pasado y participio se puede manejar tanto como si fueran verbos regulares o irregulares.

Aunque no se encuentren en esta sección, sería conveniente darle una leída a las secciones *"La misma idea pero en diferente idioma"* (Pág. 331) y *"No confundir magnesia con amnesia"* (Pág. 335) para tener una idea sobre la forma en que se expresan ciertas ideas que no se basan en una traducción literal de palabras, así como para no confundir el uso de varias palabras en inglés que por su sonido y similitud con otras en español se pueden confundir, pero que tienen un significado totalmente diferente.

Segunda parte:

Aquí se inicia propiamente el análisis de la estructura gramatical del inglés con la sección *"Todo lo que siempre quiso saber y nadie se atrevió a explicar"* (Pág. 55). Debo insistir una vez más en la importancia de seguir la secuencia que se lleva y no brincarse de temas por considerarse ya conocidos, ya que existe una secuencia específica que ha sido estudiada y diseñada para ir entendiendo en orden, desde un punto de vista nuevo, la estructura gramatical del inglés. Este orden se debe respetar hasta terminar con el análisis de "CAN" (Pág. 189), asegurando así un tiempo de aprendizaje sorprendentemente corto.

Las secciones que continúan se refieren a la *utilización* de diferentes conceptos gramaticales necesarios para poder expresar correctamente cualquier idea, una vez teniendo dominado el aspecto de *cómo estructurar* dicha idea.

Tercera parte:

A manera de una *"última lección"* se tiene una sección de *"Ejercicios de Aplicación General"* (Pág. 273), una serie de 245 preguntas que constituyen el aprendizaje final para poder expresar prácticamente cualquier cosa que se desee.

Cuarta parte:

Esta penúltima sección es una *"Sección de Regalo"*, la sección de NUMEROLOGÍA (Pág. 319), la cual considero que es de básica importancia conocer y dominar y que, por alguna razón que va más allá de mi entendimiento, no he visto descrita con la debida atención en ningún libro de texto, aún cuando poder expresar e interpretar uno o más números no puede estar separado del conocimiento de un idioma ni de las actividades cotidianas de cualquiera que sea parte de una sociedad.

Estoy seguro de que este "regalo" será de una invaluable utilidad.

Quinta parte:

La última parte viene siendo de consulta, enfocada a tres aspectos: la forma de expresar la misma idea en los dos idiomas en la sección: *"La misma idea pero en diferente idioma"* (**Pág. 331**), el diferente significado de palabras fáciles de confundir, bajo el nombre de: *"No confundir magnesia con amnesia"* (**Pág. 335**) y una *lista de verbos irregulares* (**Pág. 337**).

También se incluye una copia de dos de las Tablas ya analizadas y que por su importancia conviene tener fácil acceso a ellas, o bien, desprenderlas y colocarlas en un lugar a la vista. Estas Tablas son: *"Orden Básico de la Oración y sus Elementos"* *(Cuadro Sinóptico),* *y "Negaciones".* También, por su importancia, se incluyen: *"Verbos Auxiliares"* y *"Verbos con participio en forma de verbo regular y de verbo irregular".* Como final del Tratado de Estructura Gramatical **TANFACIL** se incluye, bajo el nombre de *"El Imperdonable Error"* (**Pag. 349**), una relación de aquello que no se debe decir y la forma correcta de expresarlo.

SUGERENCIAS PARA LA ELABORACIÓN DE EJEMPLOS

Una manera de evitar caer en el problema de elaborar ejemplos que no sea de una forma aburrida y monótona es la siguiente:

El primer problema que se presenta es *qué ejemplo poner* (nunca he sabido por qué la mente parece *cerrarse* en cuanto hay que inventar una frase). Lo mejor es tomar directamente lo primero que tengamos que expresar, en español, en el lugar donde nos encontremos y a la primer persona que veamos, y si no hay nadie, entonces aquello que estemos pensando relacionado con la situación del momento. Por ejemplo: *"Este libro por lo menos debería de traer ejemplos"*. Como esta idea está complicada para ponerla en inglés, podemos llevarla a formas más sencillas hasta quedar de acuerdo con el nivel de conocimiento del inglés que tengamos: *"Quisiera un libro con ejemplos"* / *"Quiero un libro con ejemplos"* / *"Me gusta un libro con ejemplos"* / etc.

(Como una buena ayuda, puede ser de gran utilidad el recurrir a la lista de verbos irregulares en la sección final de este Tratado).

Después, como segundo y último paso, hay que ir mezclando diferentes formas y tiempos gramaticales, según los conocimientos que se tengan, intercalándolos con los diferentes pronombres personales usados para conjugar un verbo: I, You, He-She-It, We, You, They (Yo, Tú, El-Ella-Ello, Nosotros, Ustedes, Ellos).

I like a book with examples.	*(Presente afirmativo)*
*Do **you** like a book with examples?*	*(Pregunta en presente)*
***He** doesn't like a book with examples.*	*(Negación en presente)*
*Did **we** like a book with examples?*	*(Pregunta en pasado)*
*Will **you** like a book with examples?*	*(Pregunta en futuro)*
*Won't **they** like a book with examples?*	*(Igual pero en negación)*

(Para hacerlo más variado, se pueden intercalar dos, tres o más temas diferentes al mismo tiempo).

9

POR FAVOR

Para lograr obtener el beneficio para el cual ha sido elaborado este Tratado de Estructura Gramatical es necesario cubrir un aspecto *muy importante* y que es:

**"mantener una secuencia de lectura en el orden en
que está escrito su contenido"**

sobretodo en lo que se refiere a la primera parte, es decir, hasta donde termina la sección dedicada al verbo "CAN", (antes del tema "ACCIONES REFERIDAS A ALGUIEN MAS").

Una vez leído (si se desea tener una idea general de lo que se trata) será básico comenzar el proceso de aprendizaje en una forma ordenada, analizando los ejemplos y explicaciones y <u>desarrollando los ejercicios</u>. De ser necesario, se podrá estar consultando las siguientes secciones, aunque no por ello se tomen como material de consulta exclusivamente, sino que forman parte del material a ser estudiado. (De hecho, existe al inicio una sección en donde se hace mención a aquellos conceptos que conviene conocer de inicio, los cuales se tratan posteriormente más a fondo en su sección correspondiente).

Lo anterior se debe a que existe una secuencia específica que ha sido diseñada para ir entendiendo en orden varios aspectos en función de los tres verbos en los que se basa la mecánica gramatical del inglés y que después se irán enlazando con otros más complicados. El ir *brincando de temas* no permitirá el entendimiento de este enfoque que garantiza el poder hablar correctamente en un tiempo mínimo.

De antemano:

Gracias.

TANFACIL

USO SUGERIDO DE ESTE TRATADO COMO MATERIAL DIDÁCTICO

Una vez explicados los conceptos básicos (*expresión básica, elementos gramaticales (secciones del Sujeto, Verbo, Complemento y los elementos que las integran), verbos auxiliares To DO, To BE y To HAVE, Situación y Sentido gramaticales, explicación y uso de MODALES*), explicar la formación de preguntas y negaciones. Aplicar los ejercicios de familiarización de los tres verbos auxiliares, intercalando en ellos y en forma progresiva los Modales, siempre manteniendo énfasis en el enfoque del *significado real* de los auxiliares (**algo que se deberá hacer durante la duración total del curso**).

Una vez logrado el dominio básico de estos conceptos, continuar con el análisis del resto del material del Tratado.

TANFACIL

LA EXPRESIÓN BÁSICA Y LA RAZÓN DE UN AUXILIAR

El total de las actividades que desarrollamos en nuestro diario vivir se encuadra dentro de tres situaciones diferentes, y que son lo relacionado a:

- **hacer** (o bien, lo que se hace)
- **estar haciendo** (o bien, lo que se está haciendo)
- **haber hecho** (o bien, lo que se ha hecho)

Son estas tres **situaciones** las que constituyen la base del manejo gramatical del idioma inglés.

Al referirse al primer caso, no existe mayor problema siempre y cuando se trate de algo que se lleva a cabo (presente simple) o se llevó a cabo (pasado simple), ya que se apega a la condición de la *expresión básica: una afirmación en presente o pasado simple.* (Es la *expresión básica* la *piedra angular* a partir de la cual se genera la estructura del idioma; es, por así decirlo, *el punto de partida*).

En el momento en que no se tiene esta condición es cuando se lleva a cabo un cambio, el cual, para darse, debe estar apoyado de un elemento que lo ayude a cambiar, un elemento que le brinde el *auxilio* necesario para hacerlo, es decir, un *elemento auxiliar*, o dicho en forma simple, un **auxiliar**.

Así por ejemplo, tomando la expresión "Yo estudio inglés", si se cambia de su forma afirmativa a una forma de negación, la nueva expresión deja de ser igual a la original: "Yo <u>no</u> estudio inglés", y para ello será necesario utilizar un elemento auxiliar. En igual forma sucede al cambiar a una pregunta: "¿Estudio inglés?", cambia su forma en relación a la expresión en presente *afirmativo* original a una expresión en presente *interrogativo*.

Lo mismo sucede con los dos casos siguientes; no se podría decir "Yo estoy *estudio* inglés". Ese cambio en la acción (verbo principal) de "estudio" a "*estudiando*" requiere de un elemento que le auxilie a cambiar, y para el tercer caso en el que se tendría "Yo *he* estudiado inglés", de no existir el elemento auxiliar correspondiente llevaría a decir: "Yo he *estudio* inglés".

15

Cada una de las situaciones básicas indica el *auxiliar* a ser utilizado:

<u>Para:</u>   el **auxiliar** es:

- lo que se *hace*   **Hacer** .- *To DO*
- lo que se *está* haciendo   **Estar** .- *To BE*
- lo que se *ha* hecho   **Haber** .- *To HAVE*

Con ello, se tiene que la forma gramatical básica de **Sujeto, Verbo, Complemento**, al momento de no tratarse de una expresión en presente o pasado simple, cambia a la forma:

Sujeto, <u>Auxiliar</u>, Verbo principal (acción), Complemento

<u>Es en el auxiliar en donde se manejan las condiciones propias de la situación que se esté expresando: pregunta, negación, tercera persona del singular, etc.</u>

Aplicando lo anterior a la práctica en inglés, tendríamos los siguientes ejemplos, el primero con un verbo regular (aquél en el cual el pasado y el participio (voz pasiva) son iguales y se forman aumentando "ed" al verbo principal), y el segundo con un verbo irregular (aquél en el que el presente, pasado y participio son diferentes): To go (ir).

<u>Verbo</u>	Presente	Pasado	Participio
Ir.- To go	go	went	gone

Expresión básica:

(a) "Ellos estudiaron inglés"   ***"They studied English"***
(b) "Vamos a la escuela"   ***"We go to school"***

Primer caso:

Variaciones a la expresión básica:

- "Ellos no estudiaron inglés"   ***"They didn't study English"***
- "No vamos a la escuela"   ***"We don't go to school"***

La expresión básica conlleva la forma gramatical: Sujeto, Verbo, Complemento:

Sujeto.- *They* (ellos)   *We* (nosotros)
Verbo.- *studied* (estudiaron)   *go* (vamos)
Complemento.- *English* (inglés) *to school* (a la escuela)

La segunda expresión, por no ser igual a la *básica*, requiere de un auxiliar, el cual corresponde al primer caso de las situaciones gramaticales: <u>lo que se hace (o hizo)</u>, es decir, el auxiliar *"To DO"* (Hacer), y su forma gramatical cambia a:

Sujeto,	**Auxiliar,**	Verbo,	Complemento.
(They)	*(didn´t)*	*(study)*	*(English)*
(We)	*(don´t)*	*(go)*	*(to school)*

En la expresión básica **(a)** de nuestro ejemplo, ya que la expresión está en tiempo pasado y dado que los cambios se expresan en el *auxiliar* correspondiente, se tiene que el pasado de *"DO"* es *"DID"* y la negación se forma mediante el uso de *"not"*, que junto con *"did"* forma *"did not"* o *"didn´t"* en su forma de contracción.

En forma similar, en la expresión **(b)** del ejemplo, la negación de "do" es "do not", o **"don´t"**

Segundo caso:

(a) "Ellos estaban estudiando inglés"   *"They were studying English"*
(b) "Nosotros estamos yendo a la escuela" *"We are going to school"*

dentro de la forma gramatical:

Sujeto,	**Auxiliar**,	Verbo,	Complemento.
(They)	*(were)*	*(studying)*	*(English)*
(We)	*(are)*	*(going)*	*(to school)*

El auxiliar, en este caso, correspondiente a la situación gramatical: <u>lo que se está (o estaba) haciendo</u>, es *"To BE"* (Estar), que en **(a)** en tiempo pasado corresponde a **"were"**, y el Verbo Principal cambia a la forma de gerundio:*"estudiando"* (***studying***). En **(b)** *"vamos"* cambia a *"yendo"*.

Tercer caso:

(a) *"Ellos habían estudiado inglés"*   *"They had studied English"*
(b) *"Hemos ido a la escuela"*   *"We have gone to school"*

dentro de la forma gramatical:

Sujeto,	**Auxiliar,**	Verbo,	Complemento.
(They)	*(had)*	*(studied)*	*(English)*
(We)	*(have)*	*(gone)*	*(to school)*

La situación gramatical es la de "lo que se ha (o había) hecho" y su auxiliar es **"To Have"** (Haber), que en pasado es **"had"**; el Verbo Principal cambia a su forma pasiva: para **(a)**:*"estudiado"* (***studied***), y para **(b)**: *"ido"*.

Además de las **tres situaciones**, existe otro factor que completa las posibilidades de expresión, no tan solo en inglés sino en español (y probablemente en cualquier otro idioma también): el **sentido** que se le da a lo que se expresa, es decir, la intención o el **modo** en que se entienda. Este sentido también constituye una ayuda, es un factor que *auxilia* a lograr el objetivo que se busca y está constituido por los denominados **"auxiliares Modales"**, los cuales se verán en detalle en su sección correspondiente.

Los *Modales* expresan el sentido reflejado a la acción, tal como:

- el sentido de probabilidad   (***would***)
- el sentido de sugerencia   (***should***)
- el sentido de obligatoriedad   (***must***)
- el sentido de capacidad   (***can***)
- el sentido de futuridad   (***will***)
- etc.

Los modales (el sentido que se da) son independientes de la situación que se esté manejando y pueden o no afectar a un Verbo Auxiliar Principal (Do, Be o Have).

Así, por ejemplo, utilizando el *sentido de sugerencia*, tendríamos:

"Ella *debería* estudiar inglés"   **"She *should* study English"**

En este caso no se tiene ningún verbo auxiliar afectando a la acción principal (la de estudiar), pero si se deseara expresar algo como:

"Ella *debería estar estudiando* inglés"   **She *should be studying* English"**

se tiene a un Auxiliar Modal (*should*) y a un Verbo Auxiliar (*Be*).

Es importante entender la forma en que se está utilizando el sentido indicado por el modal *Should* ; equivaldría a que se dijera:

Ella   **(dar sentido de sugerencia a)**   *estudiar*   inglés
(She)   *(should)*   *(study)*   *(English)*

Lo mismo se tiene con cualquiera de los demás modales; en todos los casos, equivale a estar diciendo:

"darle el sentido de: probabilidad/posibilidad/capacidad/posibilidad remota/futuridad, /etc. a la acción de que se trate".

En el ejemplo, es de hacerse notar que la acción **estudiar** está en infinitivo, es decir, el verbo no se expresa afectado con ningún tiempo gramatical. Por ello, en inglés, **la acción afectada por un Modal <u>siempre estará en infinitivo.</u>**

(Forzosamente la acción se tiene que expresar por su nombre tal cual, sin tiempo gramatical alguno; no hay de otra).

En esta expresión básica: **"She stud<u>ies</u> English"** (tercera persona del singular [terminación <u>es</u> en el verbo principal]), de no respetarse lo anteriormente expuesto, se tendría algo como:

"She should studies English" (Ella *debería estudia* inglés)

Reforzando lo anterior, tenemos que los *modales*, por su naturaleza de auxiliares para efectuar un cambio, no se pueden utilizar en una expresión básica; en el caso de:

"Nosotros estudiamos inglés"

no podría cambiar a:

"Nosotros deberíamos *estudiamos* inglés"

Por último, dado que cada *modal* representa una forma específica, un sentido <u>único</u> de entenderse lo expresado, **no es posible utilizar dos modales dentro de la misma expresión**, ya que equivaldría a dar <u>dos sentidos diferentes</u> a una misma idea, (no se podría decir "We *would* *can*" para indicar "podríamos", o "He *should must* come" porque equivaldría a "Él *debería debe* venir").

Comprender este concepto y manejo de los Auxiliares Principales y de los Auxiliares Modales constituye comprender, *aunque usted no lo crea*, <u>**el manejo total de la gramática en el idioma inglés**</u>.

Se puede decir que todo se reduce al manejo de la *situación* de que se trate y, en su caso, del *sentido* que se quiera expresar.

ELEMENTOS DEL ORDEN BÁSICO GRAMATICAL

Antes de entrar al análisis del orden **Sujeto – Verbo – Complemento** es importante tener muy en claro lo siguiente:

De acuerdo a lo ya expuesto, son dos los grupos de auxiliares que se manejan:

- el grupo que se refiere a la **situación (hacer, estar haciendo o haber hecho)** y
- el grupo que se refiere a la *intención* con que se deba entender lo que se diga, o bien, el **sentido** que se le dé a la acción a la que se esté refiriendo.

El segundo grupo lo establecen ocho posibilidades diferentes, que son:

1) **Probabilidad (*would*):** corresponde a la terminación **"ría"** en español: me *gustaría, desearía, obtendría,* etc., y se refiere a que está condicionado a que se den las condiciones necesarias para que se pueda cumplir.

2) **Probabilidad de poder realizar una acción (*could*):** en español corresponde a **"podría"**.

3) **Obligación de llevar a cabo una acción determinada (*must*):** se refiere a que no existe otra opción, solamente la de realizar lo determinado; es el **"debe hacerse"**.

4) **Posibilidad de hacer la acción (*may*):** se utiliza para indicar que es posible la realización de una acción bajo ciertas circunstancias ("puede ser que vaya...").
   Autorización o permiso. Al utilizarse para **pedir permiso** de hacer algo, en realidad se está pidiendo *autorización* de hacerlo.

5) **Posibilidad remota de realizar algo (*might*):** similar al caso anterior pero con una muy remota probabilidad de llevarlo a cabo: "pudiera ser que fuera..."

6) **Recomendación de hacer algo (*should*):** equivale a decir **"deberías"** o **"deberás"**.

7) **Capacidad o Aptitud para realizar algo (*can*):** se refiere a "poder hacer".

8) **Futuridad (*will*):** equivale al futuro gramatical del español; es un indicador de que la acción en cuestión se llevará a cabo en un momento posterior al actual; enmarca la **decisión** de llevar algo a cabo.

Debido a que todas estas posibilidades están indicando "el **modo** en que se deberá entender lo que se diga", se denominan precisamente como **"MODALES"**, y junto con los tres auxiliares del primer grupo enmarcan todas las posibles condiciones que se puedan tener en nuestro diario vivir.

Nota:
De acuerdo a la "forma de pensar del idioma inglés", el sentido de los modales equivale a que se dijera: "Dar el sentido de *sugerencia* a la acción de tomar una aspirina" (por ejemplo), para decir *"deberías tomar una aspirina"*, o bien: "Dar el sentido de *obligación* al hecho de estudiar, para decir *"deben estudiar"*, o: "Dar sentido de *futuridad* a venir mañana, para decir *"vendrán mañana"*. Nótese que la acción a la que se le está dando un sentido específico queda en infinitivo (la acción tal cual, sin tiempo gramatical): *tomar, estudiar, venir*; esta es la razón de que el verbo (la acción principal) a la que se le aplica un modal siempre se ponga en infinitivo simple.

Desde luego que el proceso mental es inmediato y no requiere de un análisis consciente previo, es algo como:

(partiendo de tener claro hacia quién se está dirigiendo):

> *Tú – sugerencia [tomar una aspirina]*
> *Ustedes – obligación [deber estudiar]*
> *Ellos – futuridad [venir mañana]*

El sentido deseado es parte del marco dentro del cual se está desarrollando la idea a expresar, y por lo tanto, es algo que se da en forma simultánea e instantánea. A quién se le está dirigiendo y el sentido o la intención con la que se pretende expresar el tema de que se trate, se da todo al mismo tiempo. (De seguro, un psicólogo podría dar una explicación con términos y en forma más adecuados, pero la idea básica viene siendo la misma).

Se está trabajando, a final de cuentas, con ideas. Las ideas son las mismas en cualquier idioma y en todos ellos es necesario poderlas externar; para ello se tiene como herramienta lo que se conoce como *idioma*, utilizando las reglas específicas que lo forman. Esto es, precisamente, lo que hace la diferencia entre un idioma y otro, la manera en que se acostumbra expresar o externar una idea.

Después de esto, pasemos al análisis anunciado.

Como ya se dijo, el orden en que se maneja una expresión corresponde a:

SUJETO + VERBO + COMPLEMENTO

En realidad de lo que se está hablando es de SECCIONES, la sección del Sujeto, la sección del Verbo y la sección del Complemento, cada una conformada por varios elementos específicos.

Sección del SUJETO:

El sujeto en una expresión indica QUIÉN hace la acción o A QUIÉN o A QUÉ se refiere el tema del que se esté hablando; es aquello que está relacionado directamente con la acción (indicada por el verbo principal).

El sujeto se puede referir a:

personas
nombres (propios (aquellos que deben ser escritos con mayúscula) o comunes)
animales
cosas
situaciones
el tema que se esté tratando

Todos se utilizan para establecer por primera vez quién o de qué se está hablando. Cuando se requiere continuar refiriéndose al sujeto en cuestión y para no estar repitiendo el nombre o aquello que ya está por demás bien identificado, el sujeto se substituye por su correspondiente pronombre personal, el cual no puede ser utilizado sin haberse ya establecido a quién o a lo que esté representando.

(Si se dijera: "¡Ellos son!" no podríamos saber a quiénes se está refiriendo a menos que previamente se hubiera establecido la identidad del sujeto, es decir, la identidad de quiénes son "ellos"").

Ya que los PRONOMBRES PERSONALES indican quién hace la acción, se utilizan para indicar las diferentes personas (singular y plural) al conjugar un verbo, y son:

SINGULAR		PLURAL	
1ª. persona .- Yo		1ª. persona .- Nosotros	
1st. person .-	I	1st. person .-	We
2ª. persona .- Tú (*)		2ª. persona .- Ustedes (*)	
2nd. person.-	You	2nd. person .-	You
3ª. Persona .- Él		3ª. Persona .- Ellos	
3rd. person .-	He	3rd. person .-	They
3ª. Persona .- Ella			
3rd. person .-	She		
3ª. Persona .- Ello			
3rd. person .-	It		

(*) .- "Ustedes" equivale al "Vosotros" y su equivalente en la segunda persona del singular "Tú" equivale al "Vos" [simplemente un comentario a nivel aclarativo para ubicarlos en caso de toparse con alguno de ellos].

La 3ª. persona del SINGULAR está formada por tres pronombres indicando si se refiere a alguien del género masculino (he) o del femenino (she), pero también indica mediante "it" a todo aquello que no sea una persona (un animal, una cosa, una situación, algo indefinido e inclusive algo que se desconoce, que no ha sido precisado de lo que se trata o lo que es).

Otra característica de la 3ª. persona del SINGULAR es que en el tiempo PRESENTE (exclusivamente en este tiempo y en ningún otro) en inglés modifica al verbo de acción al que esté afectando agregándole una "s".

Nota:
Ya que los pronombres personales substituyen a la persona o a aquello de quien o de lo que se esté hablando, aunque no se trate de pronombres personales, en su función de substitución y en su manejo gramatical en preguntas y negaciones entran como una 3ª. persona del singular "This" (este, esto) y "That" (ese, eso), que junto con "To be" forman "This is" (este es, esto es) y "That is" (ese es, eso es) y como 3ª. persona del plural "These" (estos) y "Those" (esos), que junto con "To be" forman "These are" (estos son) y "Those are" (esos son). También, al utilizarse la palabra "There" con "To be" forma "There is" (hay) con la 3ª. persona del singular y "There are" con la 3ª. persona del plural.

Por último, en lo relacionado a esta sección, en inglés siempre es necesario indicar quién hace la acción.

Nosotros, en español, podemos decir: "Eres lo máximo", quedando claro que nos referimos a "Tú", pero en inglés se tiene que decir forzozamente:

<u>Tú</u> eres lo máximo, es decir: You are the most

y jamás se podría pretender que quedara sobreentendido diciendo simplemente:

"Are the most"

[Quizás la principal razón de esta regla sea que la conjugación en inglés de un verbo es la misma para varias personas, tanto del singular como del plural (en presente) y si vemos cualquier otro tiempo gramatical la conjugación es la misma para todas las personas. Por ello, al decir: "Are the most" no se podría saber si se refiere a you, we o they are the most].

Sección del VERBO:

Son tres los elementos que forman esta sección:

verbo de la acción a la que se está refiriendo la expresión. El verbo de acción equivale al Verbo Principal de la oración.

verbo auxiliar, el cual permite al verbo principal su modificación (o cambio) en relación a la forma básica. Los verbos auxiliares van antes del verbo de acción y son aquellos que se refieren a alguna de las tres situaciones básicas: To do, To be y To have.

auxiliar modal, un indicador de la forma o del sentido bajo el cual se deberá entender la acción. Los modales van antes del auxiliar (si lo hay) y del verbo de acción.

Sección del SUJETO	Sección	del	VERBO
	Auxiliar (modal)	Auxiliar (verbo)	Acción (verbo)

Algo de suma importancia es que cualquier cambio gramatical hecho a la expresión básica "es aquí (en esta sección) y nada más aquí en donde se puede llevar a cabo", cambios tales como la forma (afirmativa o negativa), en pregunta, el sentido en que se deba entender, la intención que se desee expresar y su tiempo gramatical.

Nota:
   En el caso de hacer una pregunta, se deberá invertir la posición del Sujeto con el primer elemento que aparezca en la sección del Verbo, y solamente con ese.

En el caso de preguntas o de negaciones, el inglés tiene como su característica principal dejar en claro la forma en que se deberá entender lo que se exprese ANTES de hacer mención a ello. Es por esto que los auxiliares solamente indican la situación o el sentido que afectarán a la acción indicada a continuación, sea cual sea ésta.

Sección del COMPLEMENTO:

Aquí es donde se indica aquello que viene a completar o *complementar* de lo que se está hablando.

Para nuestros fines, lo mejor de esta sección es que sin importar qué tan corto o largo sea el complemento siempre va a quedar sin cambios, igual, es decir que lo podemos hacer a un lado para operar los cambios gramaticales en la Sección del Verbo sin preocuparnos de nada más que no sea definir el Sujeto y el Verbo Principal de la oración. Una vez efectuado el cambio deseado ya podemos retomar el complemento tal cual y completar nuestra expresión.

Como ejemplo tomemos la siguiente nota:

"La NASA requiere de apoyo gubernamental fresco enfocado a la investigación del comportamiento humano en el espacio en caso de un conflicto bélico mientras se esté desarrollando una misión espacial".

En inglés sería:

"NASA requires fresh Government support focused to human behavior in space during a war conflict while being developing a space mission research".

El sujeto es: La NASA .- NASA
El verbo principal es: requiere .- requires

Estos dos conceptos son los únicos que se utilizarían si se quisiera hacer un cambio gramatical, por ejemplo, de una afirmación a un sentido negativo:
"La NASA no requiere..." .- "NASA does not require..."

y todo lo demás (el complemento) <u>queda igual</u>.

Existe la posibilidad de que en el Complemento se encuentren uno o varios verbos (algo muy común), por lo que es importante siempre definir cuáles son el Sujeto y el Verbo principal, los únicos a ser considerados para el manejo gramatical de cambios.

Por ejemplo:

Necesitamos ir a ver al doctor más frecuentemente
    (*We need to go see the doctor more frequently*)

Si se quisiera cambiar de tiempo presente a tiempo pasado:

Sujeto .-   We   (Nosotros)
Verbo principal.-   need   (necesitamos)
Cambio a pasado.-   needed

(Hasta aquí se maneja el cambio gramatical deseado).

Los demás verbos, to go (ir) y see (ver) son parte del complemento y por lo tanto quedan fuera de los cambios efectuados:

Entonces, la expresión en pasado queda como:

We <u>needed</u> to go see the doctor more frequently

TANFACIL

LA VERDAD OCULTA

(Una impactante realidad)

Si se preguntara ¿Cuántas preguntas es posible formular en el idioma inglés? la respuesta probablemente sería: "Tantas como hechos, acciones o situaciones se puedan pensar", es decir, algo parecido a "infinito".

Pues bien, la respuesta a esta pregunta es:

**"En el idioma inglés solamente se pueden hacer
CATORCE preguntas".**

Antes de comenzar a emitir juicios como *¿Está loco?, ¿Qué le pasa?, ¿De cuál fumó?,* etc. etc. demos lugar al beneficio de la duda y continuemos leyendo.

COMPROBACIÓN

No creo equivocarme al suponer que todos, en el proceso inicial de aprender inglés, nos topamos con algo así:

- Si te preguntan: *Do you speak English?* (¿Hablas inglés?)
- La respuesta es: *Yes, I speak English* (Sí, hablo inglés.)
- o bien, para no repetir: *Yes, I DO*
lo cual significa: (Sí. LO HAGO)

Existen dos aspectos importantes que señalar:

1) Al decir *"lo hago"* no estamos indicando a qué nos referimos (obviamente porque es lo mismo que sí se indicó en la pregunta, pero en la respuesta NO SE INDICA).
2) Aquí se tiene precisamente la comprobación de que el "DO" sí tiene un significado y que es, además de HACER, *HACERLO*, o bien, para este caso, en lugar de *Hago* es *"Lo hago"*.

Cabe la pregunta: ¿Cómo es posible que se diga que los auxiliares, y específicamente *To DO*, al ser utilizado para hacer una pregunta NO TIENE SIGNIFICADO, cuando se le está dando y aceptándoselo al

29

responder? ¿Acaso hay alguna diferencia entre el "do" de "Yes, I do" y el "DO" de "Do you speak English?"(a no ser que uno está escrito con minúscula y el otro con mayúscula)? pero, ¿Se puede negar que se tiene el mismo significado en ambos casos?

Entonces, al hacer la pregunta *Do you speak English?* la traducción correcta es: ¿*Lo haces¸ hablar inglés?*

De acuerdo a la "forma de pensar" del inglés y contrariamente al español no se pregunta sobre la acción en cuestión sino sobre la situación que se está viviendo *referente a la acción de que se trate.*

Como ejemplo tendríamos lo siguiente:

Pregunta en español	Forma pensada en inglés	
¿Te gusta el baile?	¿Lo haces, gustar el baile?	*[Do you like dancing?]*
¿Comió suficiente?	¿Lo hizo, comer suficiente?	*[Did he eat enough?]* (*)
¿Conoce de música?	¿Lo hace, conocer de música?	*[Does she know about music?]*(*)

(*).- Es interesante el hecho de que todas las acciones están en infinitivo y que no se ven afectadas por ninguna regla aplicable, por ejemplo, a la 3ª. persona aumentando una "*s*" al verbo de la acción, evitándose la posibilidad de cometer el error de decir:

Does she knows about music?

o para el caso del pasado:

Did she ate enough? (cuyo significado sería: ¿Lo hizo comió...?)

de tal forma que la aplicación de la regla que indica que "todo cambio en la forma (afirmación, negación, pregunta) y tiempo (presente o pasado) se aplica en el auxiliar y no en la acción", queda manifiesta.

De no ser necesario recurrir al auxiliar, sería válido aplicarlo directamente al verbo de acción, tal y como lo hacemos en español, y los ejemplos anteriores quedarían así:

-   *Like you dancing?*
-   *Ate he enough?*
-   *Knows she about music?*

en donde se está aplicando la regla para la formación de una pregunta: *"intercambiar la posición del Sujeto con el Verbo para quedar en la forma Verbo – Sujeto"*, solo que ese verbo tiene que ser un <u>auxiliar</u>.

<u>Es ese cambio de posición lo que determina que se trata de una pregunta</u>, y si lo que se va a cambiar de posición con el sujeto es un auxiliar y dicho auxiliar tiene un significado, entonces es ese significado el que se está preguntando y no la acción, ya que esa queda indicada después, como referencia solamente.

Dado que los auxiliares indican ya sea *una situación* o *un sentido*, comencemos a sumar las posibilidades para hacer preguntas.

Los auxiliares relacionados con la *situación* que se tenga son los verbos:

- To DO, (HACER) para la situación: *HACER algo*
- To BE, (ESTAR) para la situación: *ESTAR HACIENDO algo*
- To HAVE, (HABER) para la situación: *HABER HECHO algo.*

o sea que son **tres** las posibilidades, pero como también el tiempo pasado se considera, tenemos otras **tres** posibilidades, con lo que ya llevamos un subtotal de **SEIS** posibilidades.

Los auxiliares relacionados con el *sentido* con que se exprese algo, o dicho en otra forma, el *modo* en que se deba tomar, son los ocho auxiliares MODALES, los cuales no son verbos, solo auxiliares.

Sumando las **SEIS** posibilidades relacionadas con la *situación* **más** las **OCHO** posibilidades relacionadas con el *sentido*, tenemos un total de **CATORCE** únicas posibilidades diferentes de preguntar algo, y eso sí, un número infinito (por así decirlo) de acciones con qué relacionarlas.

Puede sonar muy extraño pero, cuando queremos preguntar sobre una acción en particular, en inglés hacemos otra pregunta que no tiene nada que ver con la acción que queremos preguntar, la cual queda como la única pregunta, indicadora de la situación y/o del sentido que tendrá aquello a lo que nos deseamos referir.

L. q. q. d.
(Lo que queda demostrado).

31

Desde este punto de vista, un idioma en el cual solo existen 14 posibles preguntas *no puede ser un idioma difícil de aprender.*

Y para acabar de enfrentar lo sorprendente de esta realidad, dado que también se basan en el uso de los auxiliares (verbos o modales) referidas a una acción indicada después, resulta que:

"En el idioma inglés solamente se pueden hacer catorce NEGACIONES".

LA DIFERENTE PECULIARIDAD
ENTRE EL *INGLÉS* Y EL *ESPAÑOL*

El idioma inglés y el idioma español, además de ser dos idiomas con raíces totalmente diferentes, tienen la peculiaridad de reflejar dos maneras de ser también diferentes y hasta cierto punto opuestas, como se explica a continuación:

Así como en nosotros (latinos) es común preferir llegar al objetivo sin demasiada planeación o análisis mientras que los sajones gustan más de tener el panorama completo probado y comprobado antes de tomar acción (de no ser así me pregunto a donde irían llegando los primeros astronautas con destino a la luna), en el idioma también se reflejan en cierta forma esas características que marcan una definitiva diferencia en la manera de pensar y hacer las cosas (solo hay que comparar la forma de manejar, una planeada y organizada y la otra con un estilo libre y espontáneo); es en el caso de preguntas y negaciones donde lo vemos en forma más evidente, ya que antes de saber de qué acción se trata se preguntan si se trata de algo que está o no sucediendo, ya sucedió o no sucedió, o bien si va o no a suceder, así como si no está sucediendo, si no sucedió o si no va a suceder, todo ello **antes de que se sepa el tema que se va a tratar.** Una vez establecidas las condiciones, entonces se procede a indicar cuál es ese tema, no dejando lugar a dudas de cómo se deberá entender.

Por ejemplo, para la expresión "no se fueron al cine ayer", en inglés se indica antes que nada de quién se va a hablar (*ellos*), luego que *no lo hicieron* y que fué algo *que ya pasó* (¿qué cosa? aún se desconoce) y al final se indica de qué se está hablando, es decir, la acción que se llevó a cabo (*ir al cine*).

Otro aspecto de "indicación *a priori*" se tiene en lo relacionado al modo en que se deberá tomar lo que se diga, como por ejemplo, indicar cuando se habla con un sentido de posibilidad de hacer o lograr algo, el equivalente a la terminación *"ría"* tan usada para expresar ideas como: me gustaría, ¿le importaría …?, yo propondría, eso no sería…, etc., mediante el uso de la palabra **would** antes de la acción a la que se esté refiriendo. También se tienen palabras que indican ideas precisas como: *debería (should), podría (could)* y algunas otras de las que ya se hablará más adelante.

Lo importante de esto es que nos muestra la forma en que se piensa al hablar inglés y que es algo que conviene conocer y entender para poder *armar* lo que queramos expresar de acuerdo a su forma de ver las cosas.

Nada más a manera de ejemplo ilustrativo, si tomamos la tan conocida expresión de "*¿Hablas inglés?*" tendríamos lo siguiente:

Do you speak English?

Si traducimos en forma literal tenemos que se está diciendo:

¿Haces tú hablar inglés?

Nótese que primero se está preguntando si *tú haces*, ¿qué cosa?, pues la acción de *hablar inglés,* pero eso se va a saber <u>hasta después</u> de haberse indicado que se trata de una pregunta, dirigida a la segunda persona del singular (*tú*) y que la acción se refiere al presente; ahora sí y después de que ya no hay duda de la forma e intención pretendidas, se puede al fin saber de qué se está hablando (*hablar inglés*). Si lo comparamos con nuestro idioma vemos que desde el principio se trataba del verbo *hablar,* en pregunta y dirigido a la segunda persona del singular.

Aunque desde este punto de vista se podría pensar que nuestro idioma es más práctico, el objetivo no es el de llevar a cabo comparaciones sino entender lo que pudiéramos considerar como "*el pensar de un idioma*" y que por muy contrario al nuestro *sí lo podemos dominar y hablar correctamente,* lo cual es la finalidad que podrá ser comprobada si se lee, entiende y practica el contenido de este tratado de estructura gramatical, algo realmente TAN FACIL.

NO HAY UN SOLO SECRETO; SON *DOS* LOS SECRETOS

El poder dominar la correcta elaboración de cualquier oración en inglés depende de **dos grandes secretos**:

- Conocer a fondo TRES verbos (entendiéndose por *"a fondo"* poder conjugarlos en presente y pasado, así como conocer su participio).

  Estos verbos son: To DO, To BE y To HAVE (HACER, ESTAR y HABER)

- Tener en cuenta la aplicación invariable de DOS REGLAS básicamente y una que otra consideración general.

Las dos **reglas** son:

1) Siempre se tiene una forma igual de estructura con el *mismo orden* de las partes que la forman:

   a) QUIEN HACE LA ACCION (de qué o quién se está hablando), conocido como el **SUJETO**

   b) La ACCION PRINCIPAL DE QUE SE TRATE o **VERBO**

   c) Todo lo demás que se incluye en una oración y que sirve para *COMPLETAR* LA IDEA DE LO QUE SE ESTA HABLANDO o **COMPLEMENTO**

2. Los cambios en los tiempos gramaticales y en la forma en que se esté hablando (afirmación, negación, pregunta, etc.) se manejan en los auxiliares. (Los auxiliares siempre van inmediatamente antes del verbo de la acción a que se refiera).

Nota: En relación al *sujeto*, éste puede ser el nombre de una persona, un animal o algo impersonal como una cosa o una situación. Los pronombres personales se utilizan en lugar de los nombres de las personas o cosas, según sea el caso:

Yo	(1ª persona del singular)	*I*
Tu	(2ª persona del singular)	*You*
El, ella, ello(*)	(3ª persona del singular)	*He, she, it (*)*
Nosotros	(1ª persona del plural)	*We*
Ustedes	(2ª persona del plural)	*You*
Ellos	(3ª persona del plural)	*They*

(*) Para referirse a un animal, cosa o situación se utiliza el "ello" (*it*).

Las **consideraciones generales** son:

(a) En el caso de utilización de verbos auxiliares (verbos que sirven para darle una forma o tiempo gramatical al verbo de la acción principal), siempre van localizados entre el sujeto (representado ya sea por un nombre o por un pronombre personal) y el verbo de la acción principal, pudiendo existir más de un auxiliar, aunque solo uno de ellos será un verbo.

(b) Para hacer una pregunta se invierte el lugar del pronombre personal (o del sujeto) con *la palabra que le siga **inmediatamente después**,* la cual siempre será un auxiliar. En el caso de existir dos auxiliares (*I should have gone* - yo debería haber ido), es el auxiliar de modo *should* el que queda junto al pronombre y es la única palabra que se invertirá de lugar con el pronombre: *Should I have gone?*)

(c) Todo el manejo de un tiempo gramatical o de una forma específica tal como *pregunta* o *negación* se da precisamente entre el sujeto y el auxiliar.

(d) No se puede efectuar dos veces el mismo tipo de cambio gramatical en la misma oración (tiempo y/o forma).

(e) Una vez efectuado un cambio en el tiempo y/o forma gramaticales el resto de la oración queda sin movimientos.

(f) El complemento, por corto, largo, sencillo o complicado que sea, no se ve afectado por los cambios en el tiempo o forma gramaticales que se estén utilizando, es decir que *se mantiene invariable.*

(g) En inglés <u>siempre se indica el sujeto</u>; en español lo podemos dejar sobreentendido, indicándolo exclusivamente con el verbo. (P. ej. Al decir "tenemos un problema" estamos indicando que nos referimos a "nosotros"; en inglés se tendría que decir "**nosotros** tenemos un problema" (*we have a problem)* y no se podría decir solamente *"have a problem".*

EJEMPLO: "Vamos al mercado cada miércoles"

(Sujeto)	¿Quién va al mercado?	*Nosotros*
(Verbo)	¿Cual es la acción?	*vamos*
(Complemento)	¿Qué más complementa o sirve para hacer más claro lo que se está haciendo?	*al mercado cada miércoles*

Entonces tenemos que en realidad se está diciendo:

Nosotros	*vamos*	*al mercado cada miércoles*
(**We**	**go**	**to the market each Wednesday(*)**)

(*) Los días de la semana y los meses se escriben con mayúscula.

ALGO ÚTIL DE SABER,
para CONSULTAR
y UTILIZAR

(Mayor explicación y ejemplos en la sección correspondiente)

VERBOS AUXILIARES

To DO (HACER)

PRESENTE		PASADO	
I do.-	Yo hago	I did .-	Yo hice
You do.-	Tú haces	You did .-	Tú hiciste
He, She, It does.-	Él, Ella, Ello hace	He, She, It did .-	Él, Ella, Ello hizo
We do.-	nosotros hacemos	We did .-	nosotros hicimos
You do.-	ustedes hacen	You did .-	ustedes hicieron
They do.-	ellos hacen	They did .-	ellos hicieron

To BE (ESTAR)

PRESENTE		PASADO	
I am .-	Yo estoy	I was .-	Yo estaba
You are .-	Tú estás	You were .-	Tú estabas
He, She, It is .-	Él, Ella, Ello está	He, She, It was .-	Él, Ella, Ello estaba
We are .-	nosotros estamos	We were .-	nosotros estábamos
You are .-	ustedes están	You were .-	ustedes estaban
They are .-	ellos están	They were .-	ellos estaban

To HAVE (HABER)

PRESENTE		PASADO	
I have.-	Yo he	I had .-	Yo había / hube
You have.-	Tú has	You had .-	Tú habías / hubiste
He, She, It has.-	Él, Ella, Ello ha	He, She, It had .-	Él, Ella, Ello había/hubo
We have.-	nosotros hemos	We had .-	nosotros habíamos/hubimos
You have.-	ustedes han	You had .-	ustedes habian / hubieron
They have.-	ellos han	They had .-	ellos habían / hubieron

FORMACION DE INFINITIVOS

Se pone "**To**" antes del verbo: *To* drink,   *To* be,   *To* see.
                                   (beber)   (ser, estar)   (ver)

El *infinitivo* es la forma de nombrar o especificar una acción, un sentimiento, un hecho (ser, estar), etc.

En español, son los verbos terminados en *ar, er, ir*)

IMPERATIVOS

Se pone el verbo sin el **To**:   *Drink*,   *Be*,   *See*.
                                  (beba)   (sea)   (vea)
                                  (bebe)   (sé)   (vé)

AUXILIARES

TO DO.-

Se utiliza para la elaboración de preguntas de verbos relacionados con HACER o TENER algo, así como para formar la negación de una oración.

TO BE.-

En el significado de ESTAR sirve para la formación de los tiempos continuos, o sea, los tiempos que en español terminan en "ando" y "endo".
(P. ej.- Estoy caminando, leyendo etc.).

TO HAVE.-

En el significado de HABER se utiliza para los tiempos perfectos, en los cuales el verbo que indica la acción queda en PARTICIPIO (p. ej. tu <u>has</u> visto, escuchado, comido, etc.).

ADJETIVOS POSESIVOS PRONOMBRES POSESIVOS

(Possesive Adjectives)   (Possesive Pronouns)

(*Este es mi libro*)   (*Este libro es mío*)

This is **my** book	*(Este es **mi** libro)*	This book is **mine**	*(Este libro es **mío**)*
This is **your** book	*(Este es **tu** libro)*	This book is **yours**	*(Este libro es **tuyo**)*
This is **his** book	*(Este es **su** libro)*	This book is **his**	*(Este libro es **suyo** / de él)*
This is **her** book	*(Este es **su** libro)*	This book is **hers**	*(Este libro es **suyo** / de ella)*
This is **its** book	*(Este es **su** libro)*		
This is **our** book	*(Este es **nuestro** libro)*	This book is **ours**	*(Este libro es **nuestro**)*
This is **your** book	*(Este es **su** libro)*	This book is **yours**	*(Este libro es **suyo** / de ustedes)*
This is **their** book	*(Este es **su** libro)*	This book is **theirs**	*(Este libro es **suyo** / de ellos)*
My name is. . .	*(**Mi** nombre es... / (**me** llamo)...)*		
Her address is. . .	*(**Su** dirección es ...)*		
Our religion is. . .	*(**Nuestra** religión es ...)*		

PRONOMBRES
(PERSONALES, POSESIVOS Y DE OBJETOS)

That is <u>my</u> house	*Esa es <u>mi</u> casa*	.- Pronombre Personal
That house is <u>**mine**</u>	*Esa casa es <u>mía</u>*	.- Pronombre Posesivo
That house belongs to <u>me</u>	*Esa casa <u>me</u> pertenece*	.- Pronombre de Objeto
	(Esa casa pertenece a <u>mi</u>)	

Adjetivos posesivos (A)	Pronombres de Objeto (B)(C) (To...) (For..)	Pronombres personales (D)
my	me	mine
your	you	yours
his	him	his
her	her	hers
its	it	its
our	us	ours
your	you	yours
their	them	theirs

(A) .- mi, tu, su (de él), su (de ella), nuestro(a), su (de ustedes), su (de ellos)

(B) (C) .- (para...) mí, tí, él, ella, ello, nosotros, ustedes, ellos

(D) .- mío(a), tuyo(a), suyo, suya, suyo, nuestro(a), su (de ustedes), suyo (de ellos)

Aplicación de (A), (B), (C) y (D) :

- This is **(A)** house.   *(Esta es **(A)** casa)*
- To **(B)** this is **(A)** house.   *(Para **(B)** esta es **(A)** casa)*
- To **(B)** this house is **(D)**   *(Para **(B)** esta casa es **(D)**)*
- This house is for **(C)**   *(Esta casa es para **(C)**)*
- This house is **(D)**   *(Esta casa es **(D)**)*

Diferencia entre To + (B) y For + (C) :
To me .- *Para mí (__en mi opinión__)*
For me .- *Para mí (__procedencia__)*

Por ejemplo:

Para mí, la responsabilidad es de ellos
To me, the responsibility is theirs

El pastel de chocolate es para ella
The chocolate cake is __for her__

"To me" también significa *"a mí"*:
Are you talking <u>to me</u> ?   *¿Me estás hablando <u>a mí</u> ?*
                                      (¿Me hablas <u>a mí</u> ?)

Ejemplo de aplicación de adjetivos y pronombres:

Is this report <u>theirs</u>?	*(¿Es este reporte <u>de ellos</u>?)*
No, it is <u>our</u> report	*(No, es <u>nuestro</u> reporte)*
No, it´s <u>ours</u>	*(No, es <u>nuestro</u>)*
No, it is from <u>us</u>	*(No, es de <u>nosotros</u>)*
No, it belongs to <u>us</u>	*(No, <u>nos</u> pertenece (a <u>nosotros</u>))*

EJERCICIO

Traducir las siguientes expresiones:

That is **my** house

That house belongs **to me**

That house is **mine.**

That is **your** house

That house belongs **to you**

That house is **yours.**

That is **his** house

That house belongs **to him**

That house is **his.**

That is **her** house

That house belongs **to her**

That house is **hers**

That is **our** house

That house belongs **to us**

That house is **ours**

That is **your** house

That house belongs **to you**

That house is **yours**

That is **their** house

That house belongs **to them**

That house is **theirs**

RESPUESTAS

Esa es **mi** casa
Esa casa **me** pertenece
Esa casa es **mía**

Esa es **su** casa
Esa casa **te** / **les** pertenece
Esa casa es **suya**

Esa es **su** casa (de él)
Esa casa **le** pertenece (a él)
Esa casa es **de él**

Esa es **su** casa (de ella)
Esa casa **le** pertenece (a ella)
Esa casa es **de ella**

Esa es **nuestra** casa
Esa casa **nos** pertenece
Esa casa es **nuestra**

Esa es **tu** casa
Esa casa **te** / **les** pertenece
Esa casa es **tuya** / **de ustedes**

Esa es **su** casa (de ellos)
Esa casa **les** pertenece
Esa casa es **de ellos**

SENTIDO DE *PERTENENCIA*

(*'s*)

Corresponde al uso del *"de... (algo o alguien)"*, como por ejemplo:

El coche de mi hermano	(**My brother's car**)
El próximo viaje del Papa	(**The Pope's next trip**)
El vestido nuevo de María	(**Mary's new dress**)

Dicen los cánones que esta forma de indicar la pertenencia de algo debe ser hacia alguien, una persona, y que no se debe utilizar en el caso de cosas. Sin embargo, la práctica nos indica que la realidad es diferente a la teoría, como lo muestra el título de la conocida canción de los Beatles:

> *"La noche de un día difícil"*

y cuyo título en inglés es:

> **"A hard day's night"**

el cual, siguiendo la regla antes mencionada debería ser:

> **"The night of a hard day"**

Cuando el ('s) se tiene que aplicar a una palabra terminada en "s" (ya sea por tratarse de una palabra en plural o no), lo que se hace es indicar la pertenencia exclusivamente con el apóstrofe (la comita) después de la "s" al final de la palabra:

> *"El dueño de los gatitos"*   (**The kitties' owner**)

> *"El logotipo de este vaso"*   (**This glass' logotype**)

47

WHICH, WHOM, WHOSE

Se pueden utilizar solos o acompañados con *To, From, One* o *Ones* :

	Solo	*To*	*From*	*One(s)*
WHICH	*X*	*X*	*X*	*X*
WHOM	*X*	*X*	*X*	
WHOSE	*X*			

WHICH	.- cual, cuales, el cual, la cual, los cuales, las cuales
To Which	.- al cual, a la cual, a los cuales, a las cuales
From which	.- de cual, del cual, de la cual, de los cuales, de las cuales
Which one	.- cuál
Which ones	.- cuáles
To which one	.- a cuál
From which one	.- de cuál
To which ones	.- a cuáles
From which ones	.- de cuáles
WHOM	.- quien, quienes
To Whom	.- a quien, a quienes
From whom	.- de quien, de quienes
WHOSE	.- cuyo, cuya, cuyos, cuyas, de quien, de quienes

UTILIZACION DEL *PARTICIPIO*

Si se tiene la curiosidad de dar una ojeada a una lista de verbos (como la de *verbos irregulares* que se encuentra en la sección final de este tratado), se verá que se indica entre los tiempos gramaticales al *participio*.

El por qué de ello es su importante utilización en:

- El uso del auxiliar To HAVE, ya que al estar afectando a otro verbo éste deberá usarse en participio (Tiempos Perfectos).
- Las acciones indicadas en *voz pasiva*, es decir, cuando se tiene una terminación *"ado", "ido" "ito" o "cho"* en un verbo en español.

Para el primer caso se tiene una sección completa con ejemplos y ejercicios dedicada a su explicación; para el segundo caso, son tres las principales utilizaciones:

(a)   Con la expresión *"HABER SIDO..."* o *"HABER ESTADO"*... (**To HAVE BEEN**) utilizada en cualquier tiempo gramatical:

*El ha sido (***He has been***): analizado / escuchado / molestado / premiado, mordido, etc.*

*Tú habías estado (***You had been***): casado, sentado, atendido, etc.*

*Ellos habrán sido (***They will have been***): perseguidos, arrestados, considerados, etc.*

(b)   Al indicar el estado físico de algo:

*Esta fruta está (***is***): podrida, inyectada, mordida, etc.*

(c)   Al indicarse *"SER ..."* (ya sea solo o indicando una necesidad antes, como: *"Necesita ser..."*, *"Requiere ser..."*, *"Debe ser..."*, etc.). (**Needs to be... / Has to be... Must be... etc**), <u>*antes de la acción*</u>.

*Deberías llevar tu reloj a que lo arreglaran (*a ser arre<u>glado</u>)
(**You should take your watch *to be fixed***)

Este cuarto necesita / requiere ser pintado
   (**This room *needs to be painted***)

La solución debe ser tomada tan pronto como sea posible
   (**The solution has *to be taken* as soon as possible**)

El archivo debe ser escrito en orden alfabético
   (**The file must *be written* in alphabetical order**)

En verbos regulares su formación es igual a la del pasado simple, agregando la terminación *"ed"* al verbo; en verbos irregulares el participio es diferente al pasado y, para hacer más interesantes las cosas, se tienen verbos en los cuales el participio se tiene tanto en la forma del pasado de verbo regular como en forma diferente (como un verbo irregular):

INFINITIVO	PASADO / PARTICIPIO		
Burn	burnt	or	burned
Dream	dreamt	or	dreamed
Lean	leant	or	leaned
Learn	learnt	or	learned
Smell	smelt	or	smelled
Spell	spelt	or	spelled
Spill	spilt	or	spilled
Spoil	spoilt	or	spoiled

SEGUNDA PARTE

TANFACIL

TODO LO QUE SIEMPRE QUISO SABER
Y
NADIE SE ATREVIO A EXPLICAR

NEGACIONES

Para indicar un sentido de negación se utiliza el "**not**" y el "**no**" . El *not* puede usarse solo o acompañarse por "Do" o "Will" (antes) o por "To" (después) . El *no* se utiliza para indicar que "*no hay*" o no existe <u>algo</u> y no se utiliza nunca relacionado a una acción (verbo):

There is no food .- *No hay comida*
No way .- *De ninguna manera / forma* (no manera, no forma)
No matter .- *No importa*

Cuando la negación está referida a una acción se utiliza el auxiliar To DO, tanto en presente como en pasado, antes de "*not*" y para el caso del futuro el WILL y lógicamente, antes de cualquiera de los demás MODALES.

You <u>do</u> <u>not</u> *drive* carefully .- *No* manejas *con cuidado (cuidadosamente)*
I <u>did</u> <u>not</u> *sleep* enough .- *No* dormí *suficiente*
I <u>will</u> <u>not</u> *do* it .- *No lo* haré
o bien, utilizando su contracción:
I <u>won´t</u> *do* it

Se tiene en inglés una forma muy especial de indicar un sentido negativo ya que se puede dar a la acción a la que esté refiriéndose o al objeto al cual vaya dirigida la acción:

Por ejemplo, para decir: *"No tengo dinero"*

Se puede decir como: **I <u>do not have</u> money** o como: **I have <u>no money</u>**

En el primer caso la negación está aplicada a la acción de *tener* (**have**) y en el segundo a aquello que no se tiene: *dinero* (**money**), lo cual equivaldría a decir en español:

"Tengo no dinero"

El "**not to**" se utiliza en dos formas:

a)   En el sentido de "no hacer algo" o de "no ser algo":
    Not to study   .-   *No estudiar*
    Not to obey ...   .-   *No obedecer...*, o bien: *El no obedecer...*
    Not to be   .-   *No ser* (como en la célebre frase: *"Ser o no ser"* (**To be or not to be**) de Shakespeare)

Esta forma se caracteriza por ser un manejo de negación "mixto", ya que primero se afirma la intención que se tiene y luego se indica que esa intención es de "no hacer" algo. Específicamente, en español corresponde al "*...de no...*", como en las expresiones: /

    He tomado la decisión de no ir
    (**I've taken the decision *not to* go**)

    Pienso no pararme por su casa en mucho tiempo (Tengo pensado o planeado *el no* pararme..., tengo el pensamiento de no pararme por su casa)
    (**I'm planning *not to* stop over her house for a long time**)

    Tengo la intención de no involucrarme
    (**I have the intention *not to* get involved**)

o bien:

    (**I am planning *not to* get involved**)

b)   Como parte de una acción referida a alguien más, el equivalente de: "que no hicieras", "que no hagas", o de negación de un concepto específico:

    I told you not to come   .- *Te dije que no vinieras (te dije a ti)*
    Ask them not to go away   .- *Pídeles que no se vayan (pídeles a ellos)*
    I have been taught not to lie .- *He sido enseñado a no mentir (he sido enseñado (por algo o alguien) a no mentir, a que no mienta)*

    I asked him *not to* call me anymore
    (*Le pedí (a él) que no me llamara más*)

Para el caso de negación de un concepto específico, sería una expresión del tipo:

It is important for you _not to_ accept
(*Es importante (para ti) que no aceptes, el que no aceptes, el no aceptar*)

Otros ejemplos de conceptos específicos son: *el no comer, el no sufrir, el no desear algo, el no mentir, el no odiar, el no aceptar, el no jugar, etc. etc.*

En estas dos formas, la manera en que se está formando la negación es:

...not + (verbo en infinitivo)	=	**not + (to...)**
(no + comer	=	**not + to eat**)

Por último, el "**not**" puede utilizarse sin acompañarlo de auxiliares (antes) o de "*to*" (después) cuando está refiriéndose a una idea o a una acción que se indica y que no se desea repetir, anteponiéndole "**or**", así como también solo:

Wanted or not (*Deseado o no*)
Impossible or not, I don´t care (*Imposible o no, no me interesa*)

En el primer caso se está *indicando y negando* una acción (*desear*) y en el segundo algo que no es una acción (*imposible*). Como se ve, "**or not**" corresponde al "*o no*" del español.

En los casos en que solamente se está haciendo la negación sin haber una indicación antes de lo que se está negando, el "**not**" se utiliza solo:

Not that (*Eso no*) / **Not me** (*Yo no*)

UTILIZACIÓN DEL "Ni"

(Nor)

Para indicar que algo más *tampoco se acepta* se utiliza el *"nor"* :

No me gusta este restaurant ni aquél tampoco
(I don´t like this restaurant _nor_ that one either)

Los papeles que necesito no son estos, ni aquellos de allá
(The papers I need are not these, _nor_ those over there)

Hay que notar que solamente se está utilizando una vez el *"ni"* al referirse al segundo concepto *al que se le esté aplicando el sentido de negación* y que es precisamente cuando se debe utilizar el *"nor"*. Puede tenerse una situación muy usual en la cual se está señalando algo entre varias cosas más, pero será en lo segundo cuando se aplique el *"ni"* (**"nor"**), como por ejemplo:

Lo que yo compré ayer fué, déjeme ver, no ésto, ni eso; ¡aquellos de allá!
(What I bought yesterday was, let me see, not this, _nor_ that; those over there!)

UTILIZACION de Doble *"ni"*
(Neither / nor)

Cuando en una expresión se señala la negación de *dos* cosas ya conocidas, en español se utiliza dos veces el *"ni"*; en inglés se tienen dos palabras para indicar el primer concepto y el segundo respectivamente: **"neither"** y **"nor"**.

Por ejemplo:

No me gusta ni tu forma de vestir ni la forma en que te peinas

(I don't like _neither_ the way you dress _nor_ the way you comb your hair)
(Comb your hair .- peinas tu cabello)

No me pienso involucrar ni contigo ni con ellos

(I'm not planning to / going to get involved _neither_ with you, _nor_ with them)

o bien, utilizando la forma de negación: "_not to_" :

I am planning not to get involved _neither_ with you, _nor_ with them

y si ya se conoce el tema y no se quiere repetir, la respuesta corta es:

I am planning not to

(_Not to_ está señalando el tener la intención de _no hacer_ o de que _no se haga_ algo, en este caso, "de no involucrarse": **not to get involved**).

Entre estas dos opciones, no voy a aceptar ni esta ni la otra **tampoco**

(Between these options, I'm not going to accept _neither_ this one _nor_ the other one _either_)

Nota:

"**Either**" en este caso significa "_tampoco_", ya que se encuentra al final de la expresión. Cuando _no se encuentra_ al término de una expresión sino que continúa algo más, entonces:

"**either**" significa "_Ya sea_" y siempre irá acompañado después de "_or_" (_o_):

Ya sea que lo quieras o no, de todas formas lo haré
(_Either_ you want it _or_ not, I will do it anyway)

NEGACION de TRES o más conceptos
(Neither / nor / or)

Cuando se da sentido de negación a tres o más conceptos se utiliza el "**or**" ("*o*"):

> *No quiero comprar <u>ni</u> estos zapatos, <u>ni</u> esos, <u>o</u> esos, <u>o</u> aquellos, <u>o</u> esos de allá* tampoco.

> **(I don't want to buy <u>*neither*</u> these shoes, <u>**nor**</u> those, <u>**or**</u> those, <u>**or**</u> those ones, <u>**or**</u> those over there *either*)**

También se podría decir:

> *No me siento con ganas de comprar... / No siento ganas de comprar...*

> **(I don't feel like buying... / I don't feel like to)**

en donde se está utilizando la expresión:

(NOT) TO FEEL LIKE TO
(No) (<u>Sentirse con ganas de... / Sentir (Tener)ganas de...</u>)

Not to feel	.-	Negación de *sentir(se)*
like	.-	*como*
to	.-	*para* (indicador de la acción de la que se vaya a tratar, la cual quedaría en infinitivo y que ya no se indica para no repetirse).

> *¿Te gustaría comer algo? Gracias, pero no siento ganas (no me siento con ganas)*
> **(Would you like to have something to eat? Thanks, but I don't feel like to)**

63

El **"to"** se refiere a la acción de *comer* (**To eat**). Si no se pusiera quedaría incompleta la idea pues significaría: *No me siento como para...(¡¿para qué?!)*

En el caso de estarse indicando la acción a ser realizada, se utiliza la forma:

TO FEEL LIKE + (Verbo + ING)

¿Te gustaría salir a comer una hamburguesa? No gracias, no me siento con ganas de salir
(**Would you like to go out to have a hamburger? No thanks, I don't feel like *going* out**)

Hoy no me siento con ganas de trabajar tiempo extra
(**Today I don't feel like *working* overtime**)

¡Siento ganas de matarlo!
(**I feel like *killing* him!**)

Tengo que estar en Nueva York el domingo pero, a decir verdad, no me siento con ganas (no tengo ganas) de viajar en fin de semana
(**I have to be in New York on Sunday but, to be honest, I don't feel like *traveling* on weekend**)
(Para la expresión "a decir verdad", en inglés se utiliza "para ser honesto")

¿Te gustaría comer comida española? No, hoy no me siento con ganas de comer nada pesado
(**Would you like to eat Spanish food? No, today I don't feel like *eating* anything heavy**)

o bien:

(**No, today I don't feel like to**) .- *No, hoy no tengo ganas.*

Tengo ganas / Me siento con ganas de hacer algo especial hoy
(**I feel like *doing* something special today**)

Cuadro
de
NEGACIONES

(Negative Form)

Aux. To DO + *not*   [They <u>do</u> *not* want to go]
                    (*Ellos no quieren ir*)

Aux. To BE + *not*   [We <u>were</u> *not* prepared]
                    (*No estábamos preparados*)

Aux. To HAVE + *not*   [She <u>has</u> *not* been sincere]
                    (*Ella no ha sido sincera*)

MODAL + *not*   [You <u>should</u>*n't* be that way]
                    (*No deberías ser así*)

NOT (*TO*) + verb   [I prefer *not to* smoke]
                    (*Prefiero no fumar*)

NOT + verb+(ing)   [The worst thing to do is *not try<u>ing</u>*]
                    (*La peor cosa es no trat<u>ar</u>*)

PREGUNTAS

Para hacer una pregunta lo único que se tiene que hacer es intercambiar de lugar el sujeto o el pronombre personal (I, You, He, she, it, We, You, They) con la palabra que esté **inmediatamente junto** y que será siempre un auxiliar (no hay de otra), ya sea que se encuentre indicado en la expresión en sentido afirmativo o que se tenga pero no se vea (el caso de *¢antasmín*) siendo necesario considerarlo en la formación de la pregunta o de la negación.

EJEMPLO:

Para el caso de una pregunta en forma de negación tal como:

¿No sabes usar una computadora?

Para empezar vamos a considerar la versión afirmativa y no de pregunta:

No sabes usar una computadora

Analicemos qué aspectos se deben considerar:

1° La persona a la que se está refiriendo la acción de "no saber usar una computadora" es la 2ª persona del singular, o sea, *Tu* (No podría decirse nosotros no sabes usar una computadora).

2° El verbo de la acción principal es *"saber"*, ya que el verbo *usar* se refiere a una acción secundaria que podría ser cambiada por otra sin afectar a la acción principal de *saber*, como por ejemplo sería: *No sabes (apreciar, distinguir, limpiar, cuidar, tratar, etc.) una computadora.*

3° Todo lo que continúa después del verbo principal es el complemento utilizado para aclarar o completar (*complementar*) la idea principal; lo importante de esto es que, una vez identificado, se puede hacer a un lado para dedicarse a lo que es el pronombre personal, el verbo de la acción principal y el auxiliar (cuando se requiere), que son los aspectos en los que se hacen los cambios para acomodar las cosas según lo que se desee expresar y en la forma en que se desee expresarlo (pregunta, negación, en tiempos compuestos, etc.) pero lo demás (el *complemento*) se va a mantener invariable, igualito, sin importar qué tan corto, largo, sencillo o complejo sea.

Regresando a nuestro ejemplo: No sabes como usar una computadora

(a) Pronombre personal *Tu*   *(**You**)*

(b) Forma negativa   *no*   *(**don't**)*

(c)Verbo principal   *sabes*   *(**know**)*

(d) Complemento   *como usar una computadora (**how to use a computer**)*

Siguiendo la *primera regla básica* que nos dice que siempre se tiene el siguiente orden gramarical:

Sujeto	Auxiliar (o ✗)	Acción principal	Resto de la expresión
--------------	----------------	----------------	----------------------
(Pronombre personal)	(Cuando hay)	(Verbo principal)	(Complemento)
You	**don't**	**know**	**how to use a computer**

y recordando que todo aquello que forma el *complemento* lo podemos hacer a un lado, lo que nos queda entonces es:

You don't know

Ahora sí entremos en la formación (o transformación) de la idea a *pregunta*.

Como ya se dijo, para transformar una expresión a su forma de pregunta, solamente hay que invertir de lugar el sujeto o el pronombre personal (según lo que se esté utilizando) <u>con lo que le siga</u> <u>*inmediatamente después*</u>, o sea:

You don't   queda como   **Don't you** ... **?**

Lo que le sigue es el verbo principal:

Don´t you   know ... ?

y después de poner el verbo principal y tener todo arreglado en forma de pregunta, entonces sí se completa con el *complemento*:

Don´t you   know   how to use a computer ?

<u>Otros ejemplos serían:</u>

- ¿Les gusta trabajar en esta compañía?
   Do you like to work in this company?

<u>Nota:</u>

    *La expresión afirmativa (Les gusta trabajar...) sería: **You like to work...**; nótese que no tiene el "**do**" (You do like) <u>pues éste queda</u> <u>sobreentendido</u>. La razón es que solamente se utiliza cuando se quiere hacer énfasis en lo que se está afirmando (en este caso sería: "A ustedes <u>sí</u> les gusta trabajar en esta compañía", es decir: "**You do like to work in this company**").* Esto se explica más adelante en la sección del auxiliar To DO; por lo pronto basta recordar que "siempre que se esté refiriendo a una acción que se lleve a cabo y no a algo relacionado con ser o con haber, en la forma afirmativa <u>no se utiliza el "do"</u>; solamente se utiliza cuando se trate de indicar una pregunta y/o una negación de una acción". (No se pueden llevar a cabo la acción ni de *ser* ni de *haber*).

- *¿No entiendes lo que digo?*
   Don´t you understand what I say?
       (Afirmación: You don´t understand...)

- *¿Comes demasiado aprisa?*
   Do you eat too fast?
       (Afirmación: *You eat too fast*)

- *¿No estudiamos lo suficiente?*
   Don´t we study enough?
       (Afirmación: We study enough)

Si en lugar de usar la contracción *don't* se utilizara la forma básica *do not* (algo muy frecuente al escribir un documento o carta con un cierto nivel de seriedad o de elegancia), para hacer pregunta la expresión :

We don´t like to stay at home on weekends
(A nosotros no nos gusta quedarnos en casa los fines de semana)

de acuerdo a lo anteriormente visto quedaría así:

Don´t we like to stay at home on weekends?

Pero ¿cómo quedaría al utilizar *"We do not like ... "*?

¿Podría ser alguna de las siguientes respuestas?

We not do like ... ?
Not we do like ... ?
Not do we like ... ?

(*"Si alguna de ellas ha sido considerada como buena, es tiempo de* *volver a leer* *esta sección"*).

Utilizando la regla de invertir de lugar las posiciones del sujeto o pronombre personal con lo que le sigue *inmediatamente después*, la respuesta correcta la obtenemos haciendo el siguiente análisis:

We do not ... .- *like* y el resto (*complemento*) lo dejamos a un lado por ahora.

• Lo que está inmediatamente después de *We* es el auxiliar *do*, o sea que al hacer la inversión de posiciones queda así:

We do // not   =====   Do we // not ?

• Al escribir el resto, la expresión en pregunta es:

Do we not like to stay at home on weekends?

aunque la forma común de expresarla sea utilizando la contracción de *do not* : ***don't***, quedando así:

70

Don't we like to stay at home on weekends?

Es conveniente recordar que al juntar las dos palabras **do not** para formar la contracción **don't** se forma *una sola palabra* que es la que queda junto al pronombre personal y que es la que cambia de posición, pero si son dos palabras <u>solo una de ellas</u> quedará junto al pronombre personal y esa será la que se intercambie de lugar por ser la que esté <u>inmediatamente después</u>, como indica la regla.

Esta forma de expresión es utilizada, además de en escritura formal, para hacer énfasis en lo que se está diciendo y que curiosamente se va a expresar en el sentido contrario a lo que se esté tratando de señalar.

Así, por ejemplo:

Si lo que se desea expresar es: *"Yo nunca he sido casado"*, para enfatizarlo se pregunta a continuación: *"¿o <u>sí</u>?"*, e inversamente es lo mismo, para enfatizar que sí se ha hecho algo se hace una pregunta en forma negativa: *"Me gusta llegar a tiempo, ¿o <u>no</u>?"*

Estos ejemplos, en inglés, serían como sigue:

I have never been married. Have I ?

I like to arrive on time. Don't I ? o bien, ***<u>Do I not</u> ?***

(Aunque no se muestre en su forma clásica (utilizando el **"not"**), la expresión *I have never* (yo nunca) es una forma de negación por lo que la confirmación es en la forma de afirmación en pregunta: **Have I?**)

Existe una regla que nos dice que en una misma expresión no se puede duplicar la forma gramatical que indica una condición específica, tal como el sentido de pregunta, de negación o la "*s*" en la tercera persona del singular.

Esto se debe tomar muy en cuenta cuando se manejan expresiones como:

¿Podría decirme cuál es la hora de llegada?

en la cual se tiene la estructura de dos preguntas aparentemente: *¿Podría decirme?* y *¿Cuál es?* pero solamente la primera corresponde al elemento de pregunta.

Si no se tiene cuidado, es muy fácil cometer el error de decir:

¿Could you tell me *what is* the arrival time?

Utilizando el pronombre correspondiente a *the arrival time* (**it**) tendríamos:

¿Could you tell me *what is it*?

What is it corresponde a la forma de pregunta de *What it is*, pero al principio se tiene también la forma de pregunta: *Could you*, teniéndose entonces dos preguntas dentro de la misma expresión.

La forma correcta de expresar la pregunta debe ser como sigue:

¿Could you tell me *what it is*?

o bien:

¿Could you tell me what *the arrival time* is?

MANEJO DE LOS AUXILIARES PRINCIPALES EN LA ELABORACIÓN DE PREGUNTAS

La aplicación de la regla de inversión entre la posición del Sujeto con el Auxiliar para formar una pregunta no es igual para todos los auxiliares principales: To DO, To BE y To HAVE.

La manera de manejar la inversión del Sujeto con los Verbos Auxiliares To DO, To BE o To HAVE dependerá de cuál de dos casos se tenga:

(a)   .- **Cuando en la expresión no aparece un auxiliar.**

> *She eats too much*   (Ella come mucho)

Siendo una Expresión Básica (presente afirmativo) se tiene la forma estructural simple:

SUJETO - ACCIÓN (Verbo) - COMPLEMENTO

En este caso, al no existir el auxiliar requerido para intercambiarlo con el Sujeto, se utiliza el auxiliar **To DO** para establecer la forma:

SUJETO - AUXILIAR - ACCIÓN (Verbo) - COMPLEMENTO

Al convertir la expresión a *pregunta* se tiene entonces la forma:

AUXILIAR (Does) - **SUJETO** - ACCIÓN (Verbo) - COMPLEMENTO

Existiendo ya un auxiliar es posible efectuar la inversión con el sujeto, quedando la expresión como:

> *Does she eat too much?*   (¿Come ella mucho?)

El significado del auxiliar **To DO** se puede explicar desde dos puntos de vista: el correspondiente a la **forma usual** de entender (por así ser enseñado) el manejo de las preguntas y negaciones (aunque sin llegar a los alcances de decir que *"los auxiliares no tienen significado"* sino *que simplemente existen para ser utilizados para preguntar o negar algo*) y el correspondiente a la *verdad gramatical.*

73

Para el primer caso, el de la *forma usual*, con el fin de dar un sustento lógico apegándose a la regla de inversión del Sujeto con el Auxiliar, se establece en este Tratado de Estructura Gramatical el concepto *"Fantasmín"*, para identificar a un elemento que existe en toda expresión afirmativa pero que <u>no se hace presente hasta el momento de ser requerido,</u>

$$\cancel{F} => \cancel{F} \text{ antasmín}$$

de tal forma que la estructura básica queda en la forma:

SUJETO - AUXILIAR ($\cancel{F}$) - VERBO - COMPLEMENTO

En nuestro ejemplo, su aplicación sería como sigue:

She ($\cancel{F}$) eats too much.

y al convertirlo en forma de pregunta, se tendría:

$\cancel{F}$ she eat too much?

en donde y como siempre *Fantasmín* corresponde a **To DO**

y que expresando su significado nos lleva a la expresión:

***Does* she eat too much?**

Para el caso correspondiente a la *verdad gramatical,* la explicación se da en base al significado que tienen los Verbos Auxiliares, y que en el caso de To DO es el de **"lo hace".**

En el ejemplo, ***Does she eat too much*** significa: **¿Lo hace, comer mucho?** ya que en inglés se pregunta en función de la **situación** existente (la de *hacer algo,* como en este caso, o en función de *estar haciendo algo,* o bien, *haber hecho algo*) y luego se hace mención a la acción a la que se refiere.

(b)   .- **Cuando en la expresión aparece un auxiliar.** Es el caso de To BE (correspondiente a la situación *"estar* haciendo") y To HAVE (correspondiente a la situación *"haber hecho"*), en donde se tiene un manejo específico para cada uno de los auxiliares:.

Para **To BE:**

Cuando se trata del verbo To BE, no importa si está actuando como auxiliar de otro verbo o no; simplemente se utiliza para efectuar la inversión de posición Sujeto – Verbo auxiliar.

- To BE actuando como auxiliar:

  We __are__ taking an important decision. **(Estamos tomando una importante decisión)**

  To BE (**are**) está como auxiliar de otro verbo (TAKE, con su terminación correspondiente: *ing)*

  Para convertir la expresión a pregunta, mediante la regla de inversión de posición entre Sujeto y Verbo, nos queda:

  __Are__ we taking an important decision?

- To BE actuando como verbo principal:

  She __is__ a very nice person. **(Ella es una persona muy agradable)**

  Al efectuar la conversión a pregunta, la expresión queda así:

  __Is__ she a very nice person?

Para **To HAVE:**

- To HAVE como auxiliar de otro verbo:

  Cuando To HAVE está actuando como auxiliar de otro verbo, la inversión de posiciones para hacer una pregunta es directa:

  This __had__ happened before. **(Esto ya __había__ pasado antes)**

  To HAVE (pasado = **had**) está como auxiliar de HAPPEN, por lo que la inversión se da en forma directa:

__Had__ this happened before?

- <u>To HAVE actuando como verbo principal</u>:

  They __have__ good intentions. (__Tienen__ buenas intenciones)

  To HAVE no afecta a otro verbo y por lo tanto no está actuando como auxiliar.

  En este caso se tiene la situación de **hacer algo** y por lo tanto se hace uso de **To DO** como el auxiliar utilizado para hacer la inversión Sujeto-Verbo a Verbo-Sujeto:

  __Do__ they have good intentions?

<u>Cuando en la expression</u> **hay un _Modal_,** simplemente hay que recordar que cuando se indican en la regla de inversión básica los conceptos de Sujeto – Verbo, se está refiriendo a:

Sujeto – <u>Auxiliar</u> – Verbo – Complemento

pudiendo ser el auxiliar un *verbo* o un *modal*, y que será con lo que se efectuará la inversión:

*She **would** eat too much.* (Ella *comería* demasiado)
　　Sujeto.-　　**She**
　　Auxiliar.-　　**would**

Pregunta.- *Would she eat too much?*

*We **should** be taking a good decision.* (*Deberíamos* estar tomando una buena decisión)
　　Sujeto.-　　**We**
　　Auxiliar.-　　**should**

Pregunta.- *Should we be taking a good decision?*

*She **must** be a very nice person.* (Ella ha de ser una persona muy agradable)
　　Sujeto.-　　**She**
　　Auxiliar.-　　**must**

Pregunta.- *Must she* **be a very nice person?**

This *could* have happened before. (Esto pudo haber pasado antes)
> *Sujeto.-*   *This*
> *Auxiliar.-*   *could*

Pregunta.- *Could this* **have happened before?**

They *might* have good intentions. (Ellos pudieran/pudiesen tener buenas intenciones).
> *Sujeto.-*   *They*
> *Auxiliar.-*   *might*

Pregunta.- *Might they* **have good intentions?**

Cabe hacer notar que dada la función de un Modal (<u>dar un sentido específico a la acción</u>) el verbo al que está afectando queda en *infinitivo simple* (que en inglés tiene la misma forma del *imperativo*), es decir, ... ar, ...er, o bien, ...ir (admirar, correr, sentir).

AFIRMACIONES CON ESTRUCTURA DE PREGUNTA

Cuando se utiliza la forma de estructuración de pregunta pero no se utiliza el signo de interrogación **(?)** al final, se está expresando una afirmación específica de algo, equivalente a decir en español:

¡Vaya que estaba bueno! / ¡Que si estaba fuerte! / ¡Que si son inteligentes! / ¡Vaya que si...!, etc.

Así, por ejemplo:

(PREGUNTA)		(AFIRMACIÓN)	
Do they know?	(*¿Saben? [ellos]*)	**Do they know!**	(*¡Que si saben! / ¡Vaya que si saben!*)
Was it good?	(*¿Estaba bueno?*)	**Was it good!**	(*¡Que si estaba bueno!*)
Are they clever?	(*¿Son listos?*)	**Are they clever!**	(*¡Vaya que si son listos!*)
			(*¡Que si son listos!*)
Were the drinks strong?		**Were they strong!**	
(*¿Estaban fuertes los tragos?*)		(*¡Que si estaban fuertes!*)	
Do they demand a lot?		**Do they demand a lot**	
(*¿Exigen mucho?*)		(*¡Vaya que si exigen mucho!*)	
Will she take advantage of this?		**Will she take advantage of this**	
(*¿Tomará ventaja de esto? [ella]*)		(*¡Que si tomará ventaja de esto!*)	
Would they dare?		**Would they dare**	(*¡Que si se atreverían!*)
(*¿Se atreverían?*)		(*¡Vaya que si se atreverían!*)	

Como se ve, esta forma de expresión es válida para cualquier *tiempo* y *forma gramatical*, y se logra simplemente dejando de indicar el signo correspondiente de pregunta (y por lo general poniendo signo de admiración). Esto es especialmente importante cuando no se tiene cuidado en la forma correcta de escribir (respetando y siguiendo las reglas que para algo se inventaron), o cuando se está hablando y no se hace la entonación correspondiente a estar preguntando por considerar que es suficiente con dar la estructura de pregunta; sin embargo, como se puede apreciar, el sentido cambia radicalmente si se tiene un *ligero descuido* de este tipo al escribir o al hablar.

FUTURO

[En inglés el FUTURO no es un tiempo gramatical sino un indicador del modo en que se tomará lo que se diga a continuación, es decir, es un *Auxiliar Modal* que da un *sentido de futuridad*]

Se forma anteponiendo "WILL" al verbo de la acción en tiempos simples o al auxiliar cuando existe.

El WILL se refiere a que una acción determinada <u>será</u> realizada; esta acción es la determinada por el verbo que se vaya a utilizar, es decir, de lo que se vaya a hablar.

Por ejemplo: si se desea hablar de comer (acción a ser realizada) y nos referimos a la tercera persona del singular en femenino (ella), se diría: ella / *indicador de que <u>será realizada</u> la acción,* / comer *(verbo principal)*, o sea:

She / *will* / eat.

(De hecho el significado de WILL es "voluntad, testamento", o sea, algo que <u>deberá</u> ser llevado a cabo en un futuro: *"My last will and testament", "Mi última voluntad y testamento"*).

NO se utiliza la forma del verbo correspondiente al pronombre personal (quién lo está haciendo) sino que se usa el verbo en INFINITIVO SIMPLE, el cual tiene la misma forma del IMPERATIVO. Indicado como formulita, queda así:

FUTURO = WILL + Verbo en INFINITIVO SIMPLE
---

o bien, lo que se maneja con la misma forma:

FUTURO = WILL + Verbo en IMPERATIVO

EJEMPLO:

Para el verbo To BE, el imperativo es BE (= infinitivo sin el "TO") y el futuro queda así:

I	will be .-	**Correcto**	(I will am .-**Incorrecto**) (*)
You	will be		
She	will be		
He	will be		
We	will be		
You	will be		
They	will be		

(*) .- Dado que *Will* es un modal, el verbo al que le está dando su sentido de *futuridad* tiene que quedar en infinitivo.

Para pasarlo a pregunta, se aplica la regla de invertir el orden Sujeto - Verbo, que en este caso se convierte en un auxiliar (WILL) del verbo, y por ello se aplica también la regla de que los cambios afectan al auxiliar, dejando al verbo sin cambio (la única diferencia es que ahora el "AUXILIAR" no es ninguno de los tres auxiliares principales: To DO, To BE o To HAVE, sino un Auxiliar MODAL).

She will	**be**	**here tomorrow.**	*Ella estará aquí mañana*
Will she	**be**	**here tomorrow ?**	*¿Estará (ella) aquí mañana?*

Para la negación también se forma aumentando NOT al "auxiliar WILL", quedando como <u>WILL NOT</u>, aunque usualmente se utiliza la contracción <u>WON'T</u>.

She will	**be**	**here tomorrow**	
Will she	**be**	**here tomorrow ?**	**Yes, she will | No, she won´t**
She won´t	**be**	**here tomorrow**	
Won´t she	**be**	**here tomorrow ?**	**No, she won´t | Yes, she will**

<u>Nota:</u>

En inglés británico se utiliza mucho el SHALL en lugar del WILL; su negación se forma igual que lo ya explicado: SHALL NOT y su contracción es: SHAN´T

AUXILIARES DE MODO
o
"VERBOS MODALES"

En caso de que haya pasado desapercibido, WILL es el principal auxiliar "modal" dada su función de auxiliar al darle un sentido *futuro* a la acción que esté afectando, es decir, al "modo" o a la "forma" en que se deberá tomar la acción indicada después por un verbo.

Son varios los sentidos que se pueden dar a una acción: posibilidad condicionada (indicada en español por la terminación "ría" en el verbo), posibilidad remota, una alta posibilidad de realización, capacidad de llevar a cabo algo, igual que la anterior pero en forma condicionada a algo más, necesidad, deber, etc. Para cada uno de estos sentidos diferentes existe un auxiliar específico; estos auxiliares son los denominados **auxiliares de modo**.

Si tanto WILL como los auxiliares de modo pertenecen al mismo grupo gramatical (todos tienen la función de indicar el sentido en que se debe entender lo que sea la acción de que se trate), su manejo y las reglas aplicables, tales como el caso de preguntas y negaciones, es exactamente igual que el de WILL: (el *sujeto* + el auxiliar *will* + el verbo de acción en *imperativo* [o bien, en *infinitivo simple*]), lo que, para el caso de los auxiliares de modo quedaría como:

> *"Uso del Auxiliar de Modo = Sujeto + auxiliar de modo + verbo en imperativo"*

Nota del autor:
Como se indica al principio, existe una corriente que considera los auxiliares de modo como **verbos**, *denominados como* **verbos modales**. *Yo me pregunto si la persona a quien se le ocurrió bautizar a estas palabras específicas como "verbos" tomó en cuenta las implicaciones de lo que es un verbo, y nos pudiera decir, por ejemplo, cuál es el futuro de "podría" (***could***), ¿será algo así como "**podriaré**"?, o bien, ¿será el pasado de "deberías" (***should***) algo como "**deberiaste**" o "**deberiabas**"?.*

Esta apreciación lleva a una importante consideración: los auxiliares de modo <u>no son verbos</u>, y quizás fuera mejor considerarlos como simples *sustantivos o palabras con la función específica de indicar el modo en que se deberá entender aquello que se diga a continuación.*

Para aquellas personas que sientan un especial apego a considerar los auxiliares de modo como verbos, ¡por favor!, al menos recuerden lo siguiente:

Una característica de los "verbos" auxiliares de modo es que NO TIENEN INFINITIVO, por lo que nunca escriban algo como:

To WILL	|		
To WOULD	|		*To MIGHT*
To CAN	>	***INCORRECTO*** <	*To SHOULD*
To COULD	|		*To MUST*
To MAY	|		

(Más adelante veremos (en la sección dedicada a CAN) que estos "verbos modales" (**modal verbs**) tampoco tienen pasado, ni futuro, ni pueden ser afectados por el auxiliar *Have* para la formación de tiempos perfectos, ni se pueden utilizar en tiempos continuos ni tampoco se pueden *conjugar*, todo ello características de cualquier verbo).

Por otro lado, el por qué *no se acostumbra incluir a WILL dentro del grupo de "verbos modales" es debido a que su aplicación se relaciona más directamente con los tiempos gramaticales de Presente, Pasado y Futuro.*

El auxiliar de modo CAN (PODER) tampoco se incluye en las listas de verbos auxiliares dado su uso como verbo normal, en donde tiene una forma de futuro y algunas características gramaticales que le dan un tratamiento diferente y que se analizan más adelante en la sección dedicada especialmente a este verbo.

Los auxiliares de modo son:

WILL.- Es un indicador de **Futuridad** y equivale al <u>futuro gramatical del español</u>; indica que la acción en cuestión se llevará a cabo en un momento posterior al actual; enmarca la **decisión** de llevar algo a cabo.

WOULD.- Es un indicador de **Probabilidad**. Corresponde a la terminación **"ría"** en español: me *gustaría, desearía, obtendría*, etc. Se refiere a una acción condicionada para que se pueda llevar a cabo.

(Es el único de los auxiliares de modo que en español modifica directamente al verbo (*caminaría, vendría, consideraría, etc.*); los demás dejan al verbo libre de cambio, en infinitivo, haciendo el cambio a base de aumentar otra palabra: *podría* ir, *debería* escucharle, *debo* estar a tiempo, etc.).

C aminar	*Caminaría*	Negación:
Walk	**Would walk**	**I wouldn´t walk**
		Wouldn´t I walk ?

Estar	*Estaría*	Negación:
Be	**Would be**	**We wouldn´t be here**
		(No estaríamos aqui)
		Wouldn´t we be here ?
		(¿No estaríamos aquí?)
		o tan solo
		Wouldn´t we? *(¿O no?)*

CAN.- Indica que existe la **capacidad de llevar a cabo una acción**. En español se refiere a **"poder hacer"**. Por lo mismo también se utiliza para preguntar si se puede dar ayuda:

> **Can I help you?**
> *¿Puedo ayudarle?*

COULD.- Indica la **probabilidad de realizar una acción**. En español corresponde a **"podría"** y se utiliza para pedir algo en forma educada o amable.

> **Could you pass me the sugar, please ?**
> *¿ Podría pasarme el azúcar, por favor ?*

MAY.- Refleja la **posibilidad de realizar algo** bajo ciertas circunstancias ("Puede ser que vaya...")

> **I may go to your party if my work allows me to.**
> *Puede ser que vaya a tu fiesta si el trabajo me lo permite.*

También refleja una **autorización o permiso**. (Al utilizarse para **pedir permiso** de hacer algo, en realidad se está pidiendo *autorización* de hacerlo.

> **May I leave now ?**
> *¿ Puedo retirarme ahora ?*

Tanto **can** como **may** se utilizan para ofrecer ayuda, pero el grado de amabilidad para hacerlo es diferente:

> **Can I help you?**
> *¿Puedo ayudarle?*

> **May I help you?**
> *¿Me permite ayudarle?*

MIGHT.-   Su sentido es de una **posibilidad con muy poca seguridad de llevarse a cabo**. En español, sería equivalente del **"posiblemente"**, o del **"puede ser"**, **"pudiera ser"**, y en una forma más coloquial, del **"pueque"**

> **I might go next month.**
> *Puede ser que fuera / vaya el mes entrante.*
> (o en forma coloquial: *"pueque* vaya").

SHOULD.-   Se utiliza como una **recomendación de hacer algo**.

En español equivale a decir **"deberías"**.

> **I should leave now**
> *Debería irme ahora.*

También se utiliza con el sentido de **"se deberá** (llevar a cabo algo)**"** o **"deberá"**.

> **In case of emergency, the assigned security personnel should take the control.**
> *En caso de emergencia, el personal de seguridad deberá tomar el control.*

86

MUST.-Refiere una **obligación o una necesidad.**

> **I must go now**
> *Debo irme ahora / Me debo ir ya.*

Al utilizar un auxiliar de modo, precisamente por tratarse de *un auxiliar*, será en el que se refleje cualquier cambio en la forma gramatical (negación o pregunta) y no así el cambio en tiempo gramatical. Se pudiera decir que los auxiliares de modo constituyen en sí mismos un tiempo gramatical (que sería válido nombrar como *tiempo modal* o *tiempo de modo*) por lo que no sería posible aplicárseles otro tiempo gramatical (dos tiempos diferentes aplicados a la misma acción).

De tal forma que nunca se podría decir algo como:

I must went yesterday para indicar la idea de: *Debí ir ayer*, ya que **must** y **went** son dos tiempos gramaticales, uno "modal" y el otro un *pasado* del verbo "ir". Según la manera indicada, se estaría diciendo: *Debo fui ayer.*

Desde luego que la verdadera razón (la gramatical) no se basa en un tiempo gramatical válido solamente para fines explicativos (el tiempo modal); la realidad se basa en la función de un auxiliar: *dar el sentido a la acción (el modo en que se debe tomar), y que para este ejemplo sería algo como:*

> *Yo ---- dar sentido de obligatoriedad a ---- ir*
> *(Yo ---- debo ---- ir)*

y que si se le aplicara el tiempo gramatical pasado quedaría como:

> *Yo ---- dar sentido de obligatoriedad a ---- fui*
> *(Yo ---- debo ---- fui)*

Es por esto que <u>la acción afectada por un modal siempre se expresará en *__infinitivo simple__*, (o bien, en su forma de *__imperativo__*)</u>.

Solo para que no quede la duda, *"Debiste ir ayer"* se diría en inglés en la forma de *"Deberías haber ido ayer"*, es decir, **You**

should have gone yesterday (*), pero mucho me temo que habrá que esperar a analizar otros conceptos antes de entrar a este tipo de estructuras gramaticales.

(*) Nota:

Cuando se escucha a alguien decir algo que suene como:

"Yu shuraf_non"

se está escuchando la forma rápida de pronunciar:

You should have known (*Debiste haber sabido*)

También, como resultado de dejar de pronunciar cada palabra y unir dos o más palabras al estar hablando "fluídamente", será común escuchar lo siguiente:

"Am gona", **lo que equivale a** *"Í'm gonna"*, **y el** *"gonna"* **es la forma (nada elegante) de decir: "going to", o sea que:**

"*'am gona***" => "I'm going to"**

Esto es en sentido afirmativo, pero también se tiene su versión negativa:

"I ain't gonna try that stuff" (*"No voy a probar esa mugre"*), **en donde:**

"*ain't***" => "am not"**

siendo el equivalente de: *"I am not going to try that stuff"*

En forma similar:

"Wanna" **equivale a decir: "want to" (No confundir con el "buana" del africano).**

"Gotta" **significa "have to" (en su forma de "got to").**

La forma en negación se forma aumentando *not* al auxiliar:

La forma en negación de:	es:
Would	*would not, wouldn´t*
Could	*could not, couldn´t*
May	*may not*
Might	*might not*
Should	*should not, shouldn´t*
Must	*must not, musn´t*
Will	*will not, won´t*
Can	*can not, can´t*

Una grandísima ventaja de los auxiliares de modo es su utilización en forma "solitaria" cuando se utilizan como respuesta (o comentario) de algún tema que se esté tratando y que ya no sea necesario volver a indicar, pero asegurando dar el sentido deseado en esa respuesta o comentario.

Tal sería el caso de respuestas del tipo:

... pues, deberías.	**... well, you should**
... yo creo que podrían	**... I think they could**
... sí, lo hará	**... yes, he will**
... no, no lo hará	**... no, he won't**
...no creo que debieran	**... I don't think they should**
...estoy seguro, no lo harían	**... I'm sure, they wouldn't**
...pudiera ser	**... it might be**

o de comentarios tales como:

Lo haría (yo)	**I would**
Deberías	**You should**
Podrían	**They could**
Lo haremos	**We will**
Tiene que (ella)	**She must**
Pudiera (él)	**He might**

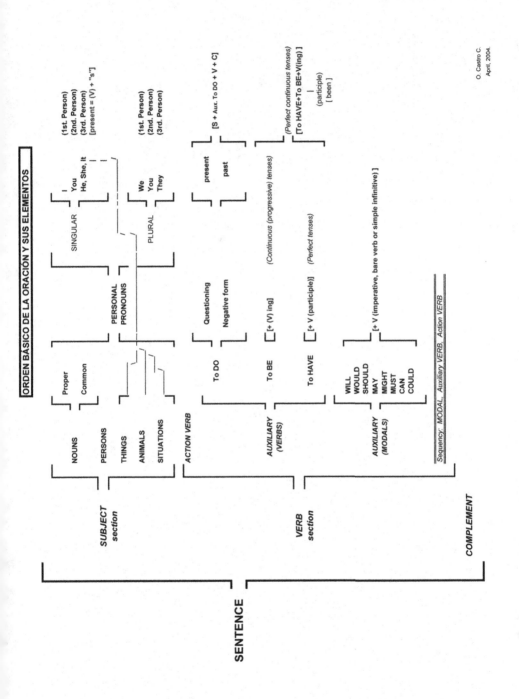

TANFACIL

VERBO AUXILIAR

TO DO (LLEVAR A CABO)

Se utiliza en la formación de preguntas y negaciones, tanto en presente como en pasado.

		Presente	Pasado	Participio	Futuro

----------------------------------(SINGULAR)----------------------------------

I		do	did	done	will do
You		do	did	done	will do
He	*	does	did	done	will do
She	*	does	did	done	will do
It	*	does	did	done	will do

----------------------------------(PLURAL)----------------------------------

We		do	did	done	will do
You		do	did	done	will do
They		do	did	done	will do

(*).- Tercera persona del singular.

IT.- se aplica al referirse a "cosas, situaciones, el tema a tratar o animales", nunca a personas.

Su significado se basa precisamente en el del verbo To DO (HACER), con la peculiaridad de referirse a llevar a cabo la acción indicada posteriormente en la misma oración por medio de un verbo, cualquiera que éste sea. En inglés se acostumbra indicar si se hizo algo, se está haciendo o se va a hacer, etc., sea lo que sea de lo que se trate, lo cual se va a indicar después de dejar claras las condiciones de lo que se esté diciendo; en nuestro idioma nos referimos *directamente* a la acción a la que nos estamos refiriendo y es a ese verbo al que le aplicamos las condiciones de tiempo y forma gramaticales como el sentido de negación en la expresión (aunque, de hecho, en español también tenemos la misma situación que en el inglés con el verbo PODER, al cual aplicamos las condiciones que van

93

a afectar a la acción a la que se hará mención *después*: *¿Puedes, podrás, pudiste, habrás podido* ir, comer, considerar, dormir, entender, salir, etc.? y lo mismo sucede con algunos de los auxiliares modales).

Así, por ejemplo, para expresar las siguientes ideas en español, el equivalente de acuerdo a la forma de pensar en inglés es lo expresado a la derecha de cada una:

¿ Escribes música?
   Do you write music?   (**¿Lo haces / escribir / música?**)
¿Tuviste un buen viaje?
   Did you have a good trip?   (**¿Lo hiciste / tener / un buen viaje?**)
No supieron qué hacer.
   They didn´t know what to do   (**Ellos no lo hicieron / saber / qué hacer**)

Nótese que el presente y el pasado, así como el sentido de negación se manejan en el verbo auxiliar HACER (To DO), muy independientemente de la acción a que se refiera (escribir, tener, saber, etc.). Esto es una peculiaridad del idioma inglés para hacer preguntas y negaciones..

(Con la práctica este proceso se efectúa en forma automática sin tener que estarlo pensando pero es importante entender lo que se está haciendo, sobretodo porque se están manejando reglas gramaticales que son aplicables en forma general y que se seguirán viendo en el transcurso de éste tratado de gramática en inglés).

De hecho, se puede decir que las diferentes formas del auxiliar To DO se convierten con la práctica en **INDICADORES** de lo que se pretende decir, ya que difícilmente nos pondremos a llevar a cabo un procedimiento mental tan diferente al de nuestro idioma, de tal forma que :

You don´t   será un indicador de *negación en presente,*
Do we …?   será un indicador de *pregunta en presente,*
She doesn´t   será un indicador de *negación de la tercera persona del singular en presente,*
Don´t they …? será un indicador de *pregunta en sentido negativo en presente,*

94

SEGUNDA PARTE - Verbo Auxiliar To DO

y de igual forma con sus correspondientes pasados:

You didn´t   indicador de *negación en pasado*,
Did we?   indicador de *pregunta afirmativa en pasado*,
She didn´t   indicador de *negación de la tercera persona del singular*
                    en pasado,
Didn´t they ...? indicador de *pregunta en sentido negativo en pasado*,
                    etc. etc.

En respuestas, el auxiliar DO se utiliza como una reafirmación de la acción de la que se hable.

Ejemplo:

Do you work with your family ?   (*¿ Trabajas con tu familia ?*)

La respuesta afirmativa sería "SÍ" y como reafirmación "LO HAGO"; es para esta reafirmación (lo hago) que en inglés se utiliza el auxiliar DO : "Yes, I do ".

En forma semejante se utiliza para expresar una negación:

Do you work with your family ?   **No, I don't.**
¿ Trabajas con tu familia ?   *No, no lo hago*

Si se analiza la reafirmación "lo hago / no lo hago", se tiene que se refiere a "trabajar con la familia ", es decir, se utiliza el auxiliar "HACER" para referirse a otra acción (trabajar con la familia).

En inglés es precisamente ese el uso del auxiliar "DO", utilizado siempre que se hace una pregunta, o bien, una reafirmación (positiva o negativa) de una acción cualquiera.

No se utiliza este auxiliar en los verbos ESTAR (To BE), ni en el verbo HABER (To HAVE) que es su función como *auxiliar*, por no poderse considerar como verbos de acción (no se hace la acción de *ser* ni la acción de *haber*, aunque sí la de *tener* (To HAVE): ¿Tienes coche? **(Do you *have* a car?)**, aunque en inglés se trate del mismo verbo pero con sentido diferente). Otra razón, más sencilla y totalmente válida, es que tanto DO como BE y como HAVE son *verbos auxiliares* que darán, cada uno, un sentido diferente al verbo o acción que estén afectando, por lo que, o se pone uno o se pone otro, pero nunca dos de ellos.

No se puede decir:

 Do you are? > ¿eres?
 Do you have done...? > ¿has hecho...?

Se dice:

 Are you?
 Have you done...?

<u>Nota</u>:

 Para preguntar *¿Tienes frío?* en inglés se pregunta:
 ¿Estás frío?   (**Are you** cold?)

En la tercera persona <u>del presente</u> se aumenta una "S" al verbo (o una "ES" en el caso de DO > DOES). El verbo a referirse queda ya sin "S" porque solo se puede aplicar la regla una vez en la misma oración y porque <u>es en el auxiliar donde se llevan a cabo los cambios de forma y tiempo gramaticales</u>; una vez efectuado el cambio en el auxiliar, el verbo al que está auxiliando queda ya sin cambio.

Por ejemplo:

 Do<u>es</u> she work? **Yes, she work<u>s</u>**
     o
    Yes, she do<u>es</u>.

Este auxiliar se utiliza solamente en dos tiempos gramaticales, PRESENTE y PASADO, ya sea en forma de afirmación o negación, sea en pregunta o no.

Como ya se dijo, el auxiliar DO es un INDICADOR por anticipado sobre las condiciones del tiempo gramatical y la forma de lo que se va a decir a continuación:

I don´t... .- Negación en presente de la primera persona del singular.

Doesn´t he...? .- Pregunta en negación presente de la tercera persona del singular.

Do we....? .- Pregunta en presente de la primera persona del plural.

Did you...? .- Pregunta en pasado dirigida a la segunda persona del singular o del plural.

De hecho, es en el auxiliar donde se manejan el tiempo, la negación y la "S" (3a. persona del singular) de la oración:

Do<u>es</u> she work at home ? *Trabaja (ella) en casa ?*
Yes, she work<u>s</u> at home.
Yes, she do<u>es</u>.

(NO SE PONE "**Do<u>es</u> she work<u>s</u> at home ?**" porque la regla de poner una "<u>s</u>" al verbo en la tercera persona del singular se está aplicando al verbo auxiliar "DO" (**she does**) y por lo tanto ya no se puede aplicar al verbo de la acción (**work**), ya que se estaría duplicando la regla en la misma oración).

Didn´t they participate in the game ?
¿ No participaron (ellos) en el juego ?

Yes, they did.
Sí, lo hicieron. *(Sí, ellos participaron en el juego)*

No se puede escribir: "**Didn´t they participat<u>ed</u> in the game?**", porque se estaría duplicando el pasado, el cual se indica poniendo al auxiliar DO en pasado (DID), dejando entonces al verbo de la acción referida en su forma de infinitivo simple.

Como se ve, *con el auxiliar se indica la forma en que se deberá entender la acción indicada después en la oración (si va a ser una pregunta, si se va a hablar en presente o en pasado, si va a tener sentido de negación, así como quién o a quién se está refiriendo).*

Nota:

El auxiliar DO se utiliza junto con el verbo de la acción de que se trate <u>solamente en respuestas negativas</u> y no en respuestas afirmativas.

Do you like coffee ? *¿Te gusta el café ?*
No, I don´t like coffee *No, no me gusta el café*

En respuestas afirmativas no se usa:

Do you like beer ?	*¿ Te gusta la cerveza ?*
Yes, I like beer	*Sí, me gusta la cerveza*
Yes, I do	*Sí, lo hago (gustarme la cerveza)*

INCORRECTO.- *Yes, I do like beer*
     DO.- auxiliar / *LIKE.-* verbo de la acción llevada a cabo.

La única forma en que es válido poner el auxiliar junto al verbo en respuestas afirmativas es cuando se quiere reafirmar el hecho de que *sí se está haciendo la acción,* es decir cuando se hace énfasis especial en la respuesta afirmativa, no dejando lugar a dudas:

Do you like wine ?	*¿ Te gusta el vino ?*
Yes, I do like wine	*Sí, sí me gusta el vino*
	(Sí, realmente me gusta el vino)

Did the leader support what you said?	*¿Apoyó el líder lo que dijiste?*
Yes, he did support what I said	*Sí, él sí apoyó lo que dije.*

Nótese que hay una marcada diferencia en la fuerza de la respuesta si se contestara solamente "sí, lo hizo":

Did the leader support what you said ?	
Yes, he did	*Sí, lo hizo*
Yes, he supported what I said	*Sí, apoyó lo que dije.*
Yes, he did support what I said	*Sí, él sí apoyó lo que dije.*

Esta utilización del auxiliar (que se puede utilizar ya sea en presente o en pasado) debe hacerse exclusivamente para una reafirmación enfatizada, por lo que su uso es muy poco frecuente.

Does he pay attention in class?	*¿Pone (él) atención en clase?*
Yes, he does pay attention in class	*Sí, él sí pone atención en clase.*

La utilización más común es cuando la persona que está preguntando está aseverando algo injustamente (ya sea en forma de pregunta o de comentario) de alguien en especial, y quien está respondiendo está defendiendo lo contrario:

You didn´t work hard enough   *No trabajaste suficientemente duro.*
Forgive me, but I <u>did work</u> very hard *Perdona, pero <u>sí trabajé</u> muy duro.*

She doesn´t like me   *A ella no le gusto / caigo bien.*
She <u>does like</u> you, but you refuse to *A ella <u>sí le gustas</u> / <u>sí le caes</u>*
realice it.   *bien, pero te niegas a darte cuenta.*

<u>REGLA</u>

a) *Solamente se utiliza en presente y pasado.*
b) *En los auxiliares se maneja el tiempo a utilizar, dejando al verbo en infinitivo simple.*
c) *Se utiliza para verbos relacionados con HACER .*
    No se utiliza para preguntar cosas relacionadas con SER o ESTAR (To BE) ni con HABER (To HAVE), por ser verbos auxiliares también.

Hasta ahora se ha manejado el aspecto **usual** para explicar el manejo del auxiliar To DO mediante la aplicación de ciertas reglas que son válidas aunque no reflejan la realidad gramatical que lo envuelve.

Como ya se explicó al principio de este Tratado, la utilización del auxiliar To DO va en función de la *situación gramatical* de <u>hacer algo</u> y del significado de este auxiliar, es decir, **hacer<u>lo</u>**.

El hecho de tomar en cuenta estos conceptos no solo permite entender el manejo de preguntas, negaciones y la utilización de la "**s**" en la tercera persona del singular, sino que permite evitar confusiones al toparse con una situación como la siguiente:

Para convertir a pregunta la expresión:

  Ellos hacen su trabajo   **They do their job**

Aplicando la regla de invertir el sujeto con el auxiliar, y existiendo **do** en la expresión el cual sabemos que es el verbo auxiliar requerido para convertirla a pregunta, entonces la inversión de posiciones nos da la siguiente expresión en pregunta:

Do they their job?

expresión que está *¡perfectamente **incorrecta**!*.

¿Por qué?

En la expresión afirmativa, el **do** es parte de la acción (**hacer** su trabajo); en la expresión en pregunta el **do** es el auxiliar utilizado para efectuar la inversión *sujeto – auxiliar*, lo cual indica que en la expresión convertida a pregunta "falta indicar la acción".

Si tomamos en cuenta que lo que se pregunta es: *¿Lo hacen?* y que esa pregunta se aplica a la **acción** de que se trate, en este caso *"hacer su trabajo"*, se tiene que:

Auxiliar en pregunta:	**Do they?**	*¿Lo hacen?*
Acción en cuestión:	**do their job**	*hacer su trabajo*
Expresión correcta:	**Do they do their job?**	*¿Hacen (ellos) su trabajo?*

Si consideramos el ejemplo en tiempo pasado, queda así:

Forma **incorrecta**:	***Did they their job?***	
Auxiliar en pregunta:	**Did they?**	*¿Lo hicieron?*
Acción en cuestión:	**do their job**	*hacer su trabajo*
Expresión correcta:	**Did they do their job?**	*¿Hicieron su trabajo?*

Para el caso de la tercera persona del singular:

Forma **incorrecta**:	***Does he his job?***	
Auxiliar en pregunta:	**Does he?**	*¿Lo hace?*
Acción en cuestión:	**do his job**	*hacer su trabajo*
Expresión correcta:	**Does he do his job?**	*¿Hace (él) su trabajo?*

Verbo Auxiliar
To DO
EJEMPLOS con Preguntas y Negaciones

*[*Situación gramatical *.- Hacer algo]*

Para: Lo conoces (a él)
         (You know him)

* ¿Lo conoces?
         Do you know him?

* No lo conoces
         You don´t know him

* ¿No lo conoces?
         Don´t you know him?

Nota:
   También se utiliza en el sentido de "ya lo conoces" (ya sabes cómo es). Si el sentido es de reafirmar que ya se le había conocido con anterioridad, la expresión en inglés sería:

   You know him already, o bien, You already know him

Para: (Ella) Lo sabe
         (She knows it)

* ¿Lo sabe?
         Does she know it?

* No lo sabe
         She doesn´t know it

* ¿No lo sabe?
         Doesn´t she know it?

Nota:
   Debido a que se está hablando de una situación se utiliza el "lo" (para referirse a ello), lo cual al no ser una persona entra en la clasificación de *animales, situaciones o cosas* de la 3a. persona

del singular y que corresponde al pronombre en inglés "**it**", por lo cual se utiliza el auxiliar **does.**

Si la expresión fuera: "Ella lo conoce (a él)" también se utilizaría el verbo **To Know** (conocer), pero en inglés quedaría como "**She knows him**".

Para: <u>Supieron de ello / acerca de eso</u>
          (They knew about it)

- ¿Supieron de ello?
          Did they know about it?

- No supieron de eso
          They didn´t know about it

- ¿No supieron de ello?
          Didn´t they know about it?

Nota:

Nótese que el tiempo gramatical (pasado) se está reflejando <u>en el auxiliar</u> (**Did**), dejando al verbo de la acción en infinitivo simple.

Para: <u>El la ama</u>
          (He loves her)

- ¿La ama?
          Does he love her?

- No la ama
          He doesn´t love her

- ¿No la ama?
          Doesn´t he love her?

Nota:

La regla de aumentar una "S" al verbo en la tercera persona del singular se aplica al auxiliar, dejando al verbo de la acción (**love**) sin cambio.

Para: <u>Nos gusta la música moderna</u>
          (We like modern music)

- ¿Nos gusta la música moderna?
  Do we like modern music?

- No nos gusta la música moderna
  We don´t like modern music

- ¿No nos gustaa la música moderna?
  Don´t we like modern music?

Para: Ese camión tiene 22 ruedas
       (**That truck has 22 wheels**)

- ¿Tiene ese camión 22 ruedas?
  Does that truck have 22 wheels?

- Ese camión no tiene 22 ruedas
  That truck doesn´t have 22 wheels

- ¿No tiene ese camión 22 ruedas?
  Doesn´t that truck have 22 wheels?

Nota:

No se utiliza el pronombre "it" porque se está especificando el "nombre" de lo que se está hablando. En el caso de que ya se supiera que se está hablando de "ese camión", entonces sí se utilizaría el pronombre correspondiente.

P. ej.:

No tiene 22 ruedas
It doesn´t have 22 wheels

Para: Nos vemos (reunimos) una vez al mes
       (**We get together once a month**)

- ¿Nos vemos una vez al mes?
  Do we get together once a month?

- No nos vemos una vez al mes
  We don't get together once a month

- ¿No nos vemos una vez al mes?
  Don't we get together once a month?

Para: Fuiste a la reunión antier, ¿o no?
         (You went to the meeting the day before yesterday, Didn´t you?)

- ¿Fuiste a la reunión antier o no? *(En el sentido de "Sí o No")*
  Did you go to the meeting the day before yesterday or not?

- No fuiste a la reunión antier, ¿o sí?
  You didn´t go to the meeting the day before yesterday, or did you?

- ¿No fuiste a la reunión antier? o sí
  Didn´t you go to the meeting the day before yesterday? or you did
  (El sentido de una pregunta en negación es precisamente el contrario (de afirmación de la idea) y el "o sí" es la reafirmación o confirmación, "o sí lo hiciste").

Para: A la gente joven le gusta manejar rápido
         (Young people like to drive fast)

("Gente" en inglés [y en español] es plural (People = Gente), por ello se usa la tercera persona del plural: **They**)

- ¿Le gusta manejar rápido a la gente joven?
  Do young people like to drive fast?

- A la gente joven, ¿le gusta manejar rápido?
  Young people, Do they like to drive fast?
  (A la gente joven, ¿les gusta (a ellos) manejar rápido?)

- A la gente joven no le gusta manejar rápido
  Young people don´t like to drive fast

- ¿No le gusta a la gente joven manejar rápido?
  Don´t young people like to drive fast?

- ¿No les gusta (a ellos) manejar rápido?
  Don´t they like to drive fast?

Para: <u>Quería (ella) estar a solas</u>
<u>**(She wanted to be alone)**</u>

- ¿Quería estar a solas?
  Did she want to be alone?

- No quería estar a solas
  She didn´t want to be alone

- ¿No quería estar a solas?
  Didn´t she want to be alone?

EJERCICIOS

(A)   Deseaba (yo) <u>tener dinero</u>
(I wished to have money)

    1)   ¿Deseaba tener dinero?
        R .- _____
    2)   No deseaba tener dinero
        R .- _____
    3)   ¿No deseaba tener dinero?
        R .- _____

(B)   <u>Crees en Dios</u>
(You believe in God)

    1)   ¿Crees en Dios?
        R .- _____
    2)   No crees en Dios
        R .- _____
    3)   ¿No crees en Dios?
        R .- _____

(C)   <u>Tenías que leerla</u>
(You had to read it)
(Verbo TENER = <u>To HAVE</u>)
(Presente .- <u>have</u>, Pasado .- <u>had</u>)

    1)   ¿Tenías que leerla?
        R .- _____
    2)   No tenías que leerla
        R .- _____
    3)   ¿No tenías que leerla?
        R .- _____

(D)   Tiene que ser algo bueno
(It has to be something good)
(Tercera persona singular del verbo TENER
(To have) = **has**)

1)   ¿Tiene que ser algo bueno?
R .- _____

2)   No tiene que ser algo bueno
R .- _____

3)   ¿No tiene que ser algo bueno?
R .- _____

(E)   <u>Les encantaba salir juntos</u>
                  (<u>They loved to go out together</u>)
                  (Salir = ir afuera .- **To go out**)

1)   ¿Les encantaba salir juntos?
R .- _____

2)   No les encantaba salir juntos
R .- _____

3)   ¿No les encantaba salir juntos?
R .- _____

(F)   Betty me pidió que me fuera
                  (<u>Betty asked me to go away</u>)

1)   ¿Me pidió Betty que me fuera?
R .- _____

2)   Betty no me pidió que me fuera
R .- _____

3)   ¿No me pidió Betty que me fuera?
R .- _____

(G)   (Betty) <u>Me pidió que me quedara</u>
                  (<u>She asked me to stay</u>)

1)   ¿Me pidió que me quedara?
R .- _____

2)   No me pidió que me queda
R .- _____

3)   ¿No me pidió que me quedara?
R .- _____

(H)   (El avión) <u>Despegó a tiempo</u>
                  (The plane) (<u>It took off on time</u>)
                  (Verbo DESPEGAR = To <u>TAKE OFF</u>)

(Presente .- take off ; Pasado .- took off)

1) ¿Despegó a tiempo?
R .- _____

2) No despegó a tiempo
R .- _____

3) ¿No despegó a tiempo?
R .- _____

(I) El helicóptero aterrizó en el techo
(The helicopter landed on the roof)
(Verbo ATERRIZAR = To LAND)
(Pasado .- landed)

1) ¿Aterrizó el helicóptero en el techo?
R .- _____

2) El helicóptero no aterrizó en el techo
R .- _____

3) ¿No aterrizó el helicóptero en el techo?
R .- _____

(J) Ayer llegamos tarde a casa
(Yesterday we arrived home late)

1) ¿Llegamos tarde a casa ayer?
R .- _____

2) Ayer no llegamos tarde a casa
R .- _____

3) ¿No llegamos tarde a casa ayer?
R .- _____

RESPUESTAS
(Ejercicios Verbo To DO)

(A) Deseaba tener dinero:
   1) Did I wish to have money?
   2) I didn't wish to have money
   3) Didn't I wish to have money?

Nota:
El pasado en el ejemplo (*I wished to have money*) lo determina el verbo de la acción (**wished**) ya que no existe un auxiliar; sin embargo y de acuerdo a lo ya indicado, cuando sí existe un auxiliar (el caso de preguntas y negaciones) es en el auxiliar precisamente donde se refleja el tiempo gramatical a ser aplicado (**Did** .- *pasado de To Do*)

(B) Crees en Dios:
   1) Do you believe in God?
   2) You don't believe in God
   3) Don't you believe in God?

(C) Tenías que leerla:
   1) Did you have to read it?
   2) You didn't have to read it
   3) Didn't you have to read it?

(D) Tiene que ser algo bueno:
   1) Does it have to be something good?
   2) It doesn't have to be something good
   3) Doesn't it have to be something good?

(E) Les encantaba salir juntos:
   1) Did they love to go out together?
   2) They didn't love to go out together
   3) Didn't they love to go out together?

(F) Betty me pidió que me fuera:
   1) Did Betty ask me to go away?
   2) Betty didn't ask me to go away

3) Didn´t Betty ask me to go away?

(G) (Betty) **Me pidió que me quedara**:
1) Did she ask me to stay?
2) She didn´t ask me to stay
3) Didn´t she ask me to stay?

Nota:
Aunque se sabe que se habla de Betty ya no se está haciendo mención a su nombre por lo que se tiene que tratar al "sujeto" de la expresión con el "pronombre" (**she**).

(H) (El avión) **Despegó a tiempo**:
1) Did it take off on time?
2) It didn´t take off on time
3) Didn´t it take off on time?

(I) **El helicóptero aterrizó en el techo**:
1) Did the helicopter land on the roof?
2) The helicopter didn´t land on the roof
3) Didn´t the helicopter land on the roof?

(J) **Ayer llegamos tarde a casa**:
1) Did we arrive home late yesterday? / Yesterday, Did we arrive home late?
      (Ayer, ¿llegamos tarde a casa?)
2) We didn´t arrive home late yesterday / Yesterday, we didn´t arrive home late
      (Ayer, no llegamos tarde a casa)
3) Didn´t we arrive home late yesterday? / Yesterday, Didn´t we arrive home late?
      (Ayer, ¿no llegamos tarde a casa?)

Nota:
Nótese que en inglés se está diciendo *"Ayer llegamos a casa tarde"*. **Si el verbo (o acción) está referido a un lugar eso se indica primero y después la forma (tarde).**
En el caso de que la acción se refiera a una persona, primero se indica a quién y después a dónde y cómo.

P. ej.:

Ayer lo llevamos (a él) tarde a casa.
Yesterday we took __him__ home late
(Verbo LLEVAR .- To TAKE)
(Presente .- take ; Pasado .- took)

Ya que estamos hablando del verbo To DO como auxiliar, es buen momento de hacer un paréntesis y hablar de dos situaciones relacionadas con To DO, aunque no en su función de verbo auxiliar.

Estas situaciones son: **DO** y **MAKE** y el uso de la forma **SO DO I** Vs. **SO I DO.**

DO Vs. MAKE
(Hacer Vs. Hacer)

Tenemos aquí el caso de un mismo significado expresado por dos verbos en inglés y no por uno solo como en español.

Esto que parece ser la venganza del español contra verbos como *To be* y *To have* con sus dos significados cada uno, ¿es realmente cierto? Quizás no si consideramos que "HACER" puede referirse tanto a *"llevar a cabo una acción"* como a *"elaborar algo"*. Esta diferencia es precisamente la que se indica con los verbos To DO y To MAKE.

To DO   .-   Hacer o llevar a cabo una acción.

To MAKE   .-   Elaborar, desarrollar o construir algo.

Ejemplos:

> Haz tu tarea (o *lleva a cabo* tu tarea)
> *Do your homework*

> Haz tu movimiento
> *Make your move*

> Nota:
> Aquí, en inglés, se le da un sentido de *"desarrolla tu movimiento"*.

113

Haz tu cuarto
Do your room
(Obviamente no se puede considerar un sentido de
"<u>construye</u> tu cuarto")

Hazme felíz
Make me happy

Haz lo que quieras
Do whatever you want

Hazme un favor
Do me a favor

Hiciste un buen trabajo
You did a good job

Son provocadores de problemas (o bien, ...*buscadores* de
problemas)
They are trouble<u>makers</u>

Estoy seguro de que harás un buen examen
I'm sure you will make a good exam

Como se ve, existen casos en los que las cosas no se apegan mucho a
la lógica (a *nuestra* lógica), como en el ejemplo de: "*Make your move*"
(*Desarrolla* tu movimiento en lugar de *Lleva a cabo* tu movimiento), lo
cual se puede considerar como una de las tantas *excepciones gramaticales*
del idioma (se dice que hay más excepciones que reglas en inglés). Sin
embargo, muy probablemente se trate de un problema de forma de enfocar
algo *según nuestra manera de ver las cosas* y que es muy diferente a
la forma en que se ven en inglés, es decir, se trata de un problema de la
"forma de pensar" del idioma.

No existen reglas para dominar estas *excepciones* precisamente porque no
se trata de variaciones a una regla establecida. Para dominarlas el mejor
remedio es la experiencia que da la práctica y la lectura en inglés.

So Do I Vs. So I Do
(Yo también Vs. Así que...)

Cuando se desea indicar que alguien también coincide con el tema que se esté tratando se utiliza la forma:

> **SO + DO + Pronombre personal (o Nombre)**

Ejemplos:

>*Yo detesto el pescado*
>*Nosotros también.*
>**I hate fish**
>**So do we**

>*A nosotros sí nos gusta fumar*
>*A mí también*
>**We do like to smoke**
>**So do I**

>*A mí me gusta practicar natación temprano en la mañana*
>*A ella también.*
>**I like swimming early in the morning**
>**So does she**

>*Ella sabe de cómputo*
>*Ellos también*
>**She knows about computing**
>**So do they**

El significado que se tiene es el de "**También lo hago yo**" al decir *"So do I"* y que es diferente a decir: "**También yo lo hago**", una diferencia muy sutil que en español puede no ser significativa pero que en inglés llevaría a decir: **"So I do"**, lo cual tiene un significado diferente, como se verá a continuación:

Cuando se utiliza el orden común de *Pronombre + Verbo* y se pone SO al principio, el sentido que se da es el correspondiente a "así que...".

Por ejemplo:

Así que lo hago, ¡y qué!
So I do, and so what!

Así que lo hiciste.
So you did it

Así que lo harás, te guste o no.
So you will, like it or not

Así que lo serás
So you will be

Esta FORMA AFIRMATIVA, UTILIZANDO LA ESTRUCTURA DE PREGUNTA es válida para cualquiera de los tres verbos auxiliares:

Con **To be**:
So are we .- También lo somos (nosotros)
 También lo estamos
So are you .- También lo son (ustedes)

Con **To have**:
So has she .- También lo ha hecho (ella)
So had we .- También lo habíamos hecho (nosotros)

Sin pretender estar tratando de complicar las cosas, es necesario hacer mención a una realidad inevitable:

"existen otras formas con igual función que el *So Do I*"

Una de estas formas de indicar que también se está de acuerdo con el tema de que se trate se basa en la utilización de los Pronombres de Objeto seguidos de **Too**:

Me too .- *yo también, a mí también*
You too .- *tú también, a tí también*
Him too .- *él también, a él también*
Her too .- *ella también, a ella también*
It too .- *ello también, a ello también*
We too .- *nosotros también, a nosotros también*

> *You* too .- *ustedes también, a ustedes también*
> *Them* too .- *ellos también, a ellos también*

Ejemplos de ello serían del tipo:

Tenemos que avisarle a ella; y a ellos también.
We have to let her know; and them too.
(Avisarle / dejarle saber)

Todos ellos están en la misma situación y, desgraciadamente, yo también.
All of them are in the same situation and, unfortunately, me too.

Hoy, me están pidiendo a mí renunciar, pero mañana, a ustedes también.
Today, they are asking me for my resignation, but tomorrow, you too.

La otra compañía puede estar preparándose, pero nosotros también.
The other company may be getting prepared, but we too.

La otra forma de indicar lo mismo es mediante el uso de los Pronombres Personales junto con la palabra **ALSO** (*"también"*, al igual que "too"), siguiendo con el verbo de acción, o sea:

> **Pronombre personal + ALSO + Verbo**

y lo normal es que se continúe con la explicación de aquello que también afecta a la o las personas representadas por el pronombre personal utilizado:

Ella también va al club
She also goes to the club

Si se lo pidiera, ella también iría al club
If I asked her, she would also go to the club

Nota:
Nótese que la acción está indicada por "ir" <u>junto con</u> "también", es decir, la acción referida es la de "también ir" y no la de simplemente "ir". Por

117

ello, el auxiliar de modo **would** afecta al hecho de "también ir" y no solo al de "ir" (que no es lo mismo); de ahí su localización antes de "**also go**" y no inmediatamente antes del verbo de acción "**go**".

Si se dijera: *"También, ella iría"*, en donde se está indicando una acción anterior a la de *"iría"* (la cual está en la forma de posibilidad condicionada según lo indica su terminación "ría"), se tendría que decir:

Also, she would go (en donde **also** indica un sentido de "entre otras cosas", o de "una cosa más")

Todo esto, lejos de enredado queda muy claro si se recuerda que:

Con las formas *"so do I"* y *"me too"* la plática se termina en ese momento, ya no se dice nada más en la misma oración.

Al utilizar la forma *"I also + verbo"* se continúa hablando, o sea que es necesario terminar de indicar la idea de la que se esté tratando.

En el primer caso y en lo que se refiere a la forma de *"me too"*, se está refiriendo a que no se vuelve a mencionar el tema en cuestión porque ya no hay necesidad de repetirlo, por lo que se convierte en el "cierre" de la oración. Existen variaciones en las formas que se deben utilizar dependiendo de la situación (cuando se trata de enterar o notificar algo y cuando se trata de confirmar algo). Supongamos que tenemos las expresiones:

Ustedes también están metidos en la bronca (o bien: en el problema)

También ustedes están metidos en la bronca.

En la primer expresión se está dando una notificación, se les está enterando de la noticia, algo que no sabían.

En la segunda, se trata de una confirmación de lo que ya se esperaba o suponía.

Esta diferencia que en español puede ser muy sutil pero que definitivamente sí se utiliza en la práctica, en inglés se indica mediante el uso de dos formas diferentes:

Ustedes también están metidos en la bronca
You *too* are involved in the problem

También ustedes están metidos en la bronca
You are *also* involved in the problem

y si se tratara de la continuación de un tema que ya se estuviera tratando, sería:

También, ustedes están metidos en la bronca (en el sentido de: *Una cosa más, ...*)
Also, you are involved in the problem

Como ya se dijo, después de la forma "me too" la oración termina <u>siempre y cuando constituya una confirmación del tema en cuestión</u>, pero cuando se desea hacer mención a otro tema, entonces esta forma de expresión deja de ser un "cierre" de la oración y se puede continuar exponiendo otra idea:

Ejemplos de este caso serían:

Durante el período alcanzamos los objetivos de ganancias; en lo futuro, a ustedes también se les pedirá lo mismo.
During the period we reached the profit goals; in the future, you too will be asked for the same.

Tenemos que largarnos de aquí; ustedes también deberían hacer lo mismo.
We got to get the hell out of here; you too should do the same.

Por el juego perdí todo y él también por ser tan ciego.
Because of gambling I lost everything, and him too for being so blind.
(Si se dijera: "*...y él <u>también lo hizo</u> por ser tan ciego*" se utilizaría la forma: "**...and *so did he* for being so blind**").

TO BE (SER)

	Presente	Pasado	Participio	Futuro
--------------------------------(SINGULAR)--------------------------------
I	am	was	been	will be
You	are	were	been	will be
He	is	was	been	will be
She	is	was	been	will be
It	is	was	been	will be
--------------------------------(PLURAL)--------------------------------
We	are	were	been	will be
You	are	were	been	will be
They	are	were	been	will be

El verbo TO BE en español significa SER o ESTAR pero como auxiliar solamente significa ESTAR.

("It" se utiliza para referirse a animales, cosas o situaciones, nunca para personas).

REGLA.- Al hacer una pregunta solamente hay que invertir el orden del pronombre con el verbo *o con lo que esté inmediatamente junto al pronombre personal.*

You are a good person	Eres una buena persona
Are you a good person?	Eres una buena persona?
Are you...?	¿Lo eres?
They are already here	Ya están aquí
Are they already here?	¿Ya están aquí?

Algo muy importante de aclarar es el hecho de que, mientras en español se tienen diferentes formas de expresar un "pasado" (cada una con su respectiva clasificación técnicamente nombrada), en inglés solamente se tiene el *pasado* para cubrir todas estas formas del español.

Para el caso del verbo To BE, su pasado abarca los siguientes sentidos:

I was   (yo era, yo fuera)
               (yo estaba, yo estuviera)

You were   (tú eras, tú fueras)
               (tú estabas, tú estuvieras)

He was   (él era, él fuera)
               (él estaba, él estuviera)

She was   (ella era, ella fuera)
               (ella estaba, ella estuviera)

It was   (ello era, ello fuera)
               (ello estaba, ello estuviera)

We were   (Nos. éramos, fuéramos)
               (Nos. estábamos, estuviéramos)

You were   (Uds. eran, fueran)
               (Uds. estaban, estuvieran)

They were   (ellos eran, fueran)
               (ellos estaban, estuvieran)

ESTAS DIFERENTES FORMAS DE *PASADO*

SON APLICABLES *A CUALQUIER VERBO*.

To BE
EJEMPLOS con Preguntas y Negaciones

*[Situación gramatical como auxiliar .- **Estar haciendo algo**]*

(PRESENTE)

Para: Somos los empleados que necesitas
          (We are the employees you need)

*   ¿Somos los empleados que necesitas?
          Are we the employees you need?

*   No somos los empleados que necesitas
          We are not the employees you need

*   ¿No somos los empleados que necesitas?
          Aren´t we the employees you need?

Para: Son buenos vecinos
          (They are good neighbors)

*   ¿Son buenos vecinos?
          Are they good neighbors?

*   No son buenos vecinos
          They aren´t / are not good neighbors

*   ¿No son buenos vecinos?
          Aren´t they good neighbors?

Para: (El Papa) Es de Polonia
          (The Pope) (He is from Poland)

*   ¿ Es de Polonia?
          Is he from Poland?

*   No es de Polonia
          He isn´t / is not from Poland

* ¿No es de Polonia?
Isn´t he from Poland?

Para: <u>Mi bebé tiene 5 meses de edad</u>
(**<u>My baby is five months old</u>**)

* ¿Tiene mi bebé 5 meses de edad?
Is my baby five months old?

* No tiene 5 meses de edad mi bebé
My baby is not five months old

* ¿No tiene mi bebé 5 meses de edad?
Isn´t my baby five months old?

<u>Nota (1)</u>:
Nótese cómo en inglés se mantiene el orden: *Sujeto/Verbo/ Complemento (o bien: Verbo/Sujeto/Complemento para la forma interrogativa)* ; en español sí se puede cambiar el orden del sujeto (mi bebé) sin que por ello se pierda el sentido de la expresión.

<u>Nota (2)</u>:
En inglés se dice: "<u>es / está</u> 5 meses viejo". Es por este motivo que se utiliza el verbo <u>To Be</u> y no <u>To Have</u> (Tener).

P. ej.:

Para preguntar: "¿Qué edad tienes?"
en inglés se dice: **What is your age?**

pero si la pregunta es: "¿Cuántos años tienes?"
lo que se dice es: **How old are you?**

que traducido sería: *¿Cómo (Qué) tan viejo eres / estás?*

Para: <u>De donde eres</u>
(**<u>Where you are from</u>**)

* ¿De dónde eres?
Where are you from?

*   De dónde no eres
         Where you are not from

*   ¿De dónde no eres?
         Where aren´t you from?

      Nota (1):
      Las preposiciones en general tales como: *WHERE (donde, de donde), WHAT (qué, lo que, cuál), WHEN (cuando), WHY (por qué, por lo que)* van antes de la posición de la estructura normal: Sujeto/Verbo/Complemento (de ahí su nombre de <u>pre</u>posiciones) y no se ven afectadas por las reglas de cambios gramaticales para preguntas o negaciones.

      Nota (2):
      El "*from*" indica *procedencia*; si no se indicara el ejemplo tendría un sentido diferente:

      Where are you?   *(¿En dónde estás?)*

      De igual forma, la respuesta también cambiaría:
      I am <u>in</u>...   *(Estoy <u>en</u>...)*

      en lugar de la respuesta a la pregunta: **Where are you from?** que sería:

      I am <u>from</u>...   *(Yo soy <u>de</u>...)*

(PASADO)

Para: <u>En donde estaban</u> (ellos)
            (<u>**Where they were**</u>)

*   ¿En dónde estaban?
         Where were they?

*   En donde no estaban
         Where they were not / weren´t

*   ¿En dónde no estaban?
           Where weren´t they?

Para: (Mi coche) <u>Estaba en buen estado / buenas condiciones</u>
           (**<u>My car was in good shape</u>**)

*   ¿Estaba en buenas condiciones?
           Was it in good shape?

*   No estaba en buen estado
           It wasn´t in good shape

*   ¿No estaba en buen estado?
           Wasn´t it in good shape?

Para: <u>Éramos amigos íntimos</u>
           (**<u>We were close friends</u>**)
           (Close .- cerca, cercano)

*   ¿Éramos amigos íntimos?
           Were we close friends?

*   No éramos amigos íntimos
           We were not / weren´t close friends

*   ¿No éramos amigos íntimos?
           Weren´t we close friends?

Para: (Ella) <u>Estaba desayunando</u>
           (**<u>She was having breakfast</u>**)

*   ¿Estaba desayunando?
           Was she having breakfast?

*   No estaba desayunando
           She wasn´t having breakfast

*   ¿No estaba desayunando?
           Wasn´t she having breakfast?

<u>Nota</u>:
>
> En inglés se utiliza la expresión: *"tener alimentos"* (*tener el desayuno*) para indicar *desayunar, tener una taza de café* para indicar *tomar una taza de café* (*to have a cup of coffee*), etc.
>
> Además, se utiliza la *forma contínua*, es decir, se indica lo que se está, estaba o estará haciendo (lo que en español sería la terminación *"ando"* o *"endo"* (gerundio) como *chupando, tomando, comiendo, etc.*)
>
> En el ejemplo, la traducción literal sería:
>
> **She was having breakfast** = *Ella estaba teniendo desayuno*

Para: <u>Estaba (yo) listo para actuar</u>
          (**I was ready to act**)

* ¿Estaba listo para actuar?
          Was I ready to act?

* No estaba listo para actuar
          I wasn´t ready to act

* ¿No estaba listo para actuar?
          Wasn´t I ready to act?

(**FUTURO**)

Para: <u>Estarán aquí para mañana en la mañana</u>
          (**They will be here by tomorrow morning**)

* ¿Estarán aquí para mañana en la mañana?
          Will they be here by tomorrow morning?

* No estarán aquí para mañana en la mañana
          They won´t / will not be here by tomorrow morning

* ¿No estarán aquí para mañana en la mañana?
          Won´t they be here by tomorrow morning?

Para: <u>Estos serán suficientes</u>
              (These will be enough)

*   ¿Serán estos suficientes?
              Will these be enough?

*   Estos no serán suficientes
              These won´t be enough

*   ¿No serán suficientes estos?
              Won´t these be enough?

Para: <u>Su hija (de ella) cumplirá 21 mañana</u>
              (Her daughter will be 21 tomorrow)

*   ¿Cumplirá 21 su hija mañana?
              Will her daughter be 21 tomorrow?

*   Su hija no cumplirá 21 mañana
              Her daughter won´t be 21 tomorrow

*   ¿No cumplirá su hija 21 mañana?
              Won´t her daughter be 21 tomorrow?

    <u>Nota</u>:
            La expresión en español "cumplir la edad" se expresa en inglés como "*ser la edad*" o "*estar la edad*". En el ejemplo, lo que se diría en español traduciendo en forma literal sería:

            Her daughter will be 21 tomorrow
            (Su hija será / estará 21 mañana)

Para: <u>El clima será bueno para esas fechas</u>
              (The weather will be good by those dates)

*   ¿Será bueno el clima para esas fechas?
              Will the weather be good by those dates?

*   El clima no será bueno para esas fechas
              The weather will not be good by those dates

* ¿No será bueno el clima para esas fechas?
  Won´t the weather be good by those dates?

Para: Nuestra relación estará peor
          (**Our relationship will be worst**)

* ¿Estará peor nuestra relación?
  Will our relationship be worst?

* No estará peor nuestra relación
  Our relationship won´t / will not be worst

* ¿No estará peor nuestra relación?
  Won´t our relationship be worst?

Para: Esa amistad será una buena influencia para todos ellos
          (**That friendship will be a good influence for all of them**)

* ¿Será esa amistad una buena influencia para todos ellos?
  Will that friendship be a good influence for all of them?

* Esa amistad no será una buena influencia para todos ellos
  That friendship will not / won´t be a good influence for all of them

¿No será esa amistad una buena influencia para todos ellos?
  Won´t that friendship be a good influence for all of them

Nota:

Debido a que para formar un futuro se emplea el auxiliar WILL antes del verbo BE (WILL BE) y que para hacer una pregunta se invierte la posición entre el sujeto (quien hace la acción, ya sea especificándolo o por medio del pronombre correspondiente) y la palabra que siga *inmediatamente después*, tenemos que esa palabra es el auxiliar WILL (no *will be* pues son dos palabras y solo una queda junto al sujeto). Por ello, al hacer la inversión de

129

lugares el sujeto que en este ejemplo es *"that friendship"*, queda entre WILL y BE.

Si se cambiara por su pronombre "IT", la expresión quedaría en la siguiente manera:

Para: (Esa amistad)

"Será una buena influencia para todos ellos",

la traducción al inglés es:

It will be a good influence for all of them
La forma de pregunta sería:
    ¿Será una buena influencia para todos ellos?
    (Will it be a good influence for all of them?)

o bien, para la forma negativa:
    ¿No será una buena influencia para todos ellos?
    (Won´t it be a good influence for all of them?)

ya que la expresión sin preguntar sería:
    It won´t be a good influence for all of them
    (No será una buena influencia para todos ellos)

(It won´t be	---	**Won´t it be?)**
(No lo será	---	*¿No lo será?)*

To BE y To FEEL

To BE (ESTAR) puede ser intercambiado por To FEEL (SENTIRSE) para expresiones que indican estado de ánimo o de salud, como :

Nervous	(*nervioso*)	.- **To be nervous** /	**To feel nervous**
Angry, mad	(*enojado*)	.- **To be mad** /	**To feel mad, angry**
Weak	(*débil*)	.- **To be weak** /	**To feel weak**
Hungry	(*hambriento*)	.- **To be hungry** /	**To feel hungry**
Sick, ill	(*enfermo*)	.- **To be sick** /	**To feel sick**
Worried	(*preocupado*)	.- **To be worried** /	**To feel worried**
Cold	(*frío*)	.- **To be cold** /	**To feel cold**
Sleepy	(*somnoliento*)	.- **To be sleepy** /	**To feel sleepy**

(**I am** sleepy / **I feel** sleepy   .-*Estoy* / *Me siento* somnoliento / con sueño, para referirse a lo que más comunmente se dice como: *Tengo sueño*)

(**To be** cold, **to feel** cold .- temperatura ; **To *have* a** cold.- enfermedad)

TANFACIL

EJERCICIOS

(A) <u>Estoy realmente molesto / enojado</u>
          (I am really mad)

    1)   ¿Estoy realmente molesto?
         R .- _____
    2)   No estoy realmente molesto
         R .- _____
    3)   ¿No estoy realmente molesto?
         R .- _____

(B) <u>Estaba (ella) equivocada acerca de tí</u>
          (She was wrong about you)

    1)   ¿Estaba equivocada acerca de tí?
         R .- _____
    2)   No estaba equivocada acerca de ti
         R .- _____
    3)   No estaba equivocada acerca de tí?
         R .- _____

(C) <u>Estaremos listos a tiempo</u>
          (We will be ready on time)

    1)   ¿Estaremos listos a tiempo?
         R .- _____
    2)   No estaremos listos a tiempo
         R .- _____
    3)   ¿No estaremos listos a tiempo?
         R .- _____

(D) <u>Era la última oportunidad</u>
          (It was the last chance)

    1)   ¿Era la última oportunidad?
         R .- _____
    2)   No era la última oportunidad
         R .- _____

3)   ¿No era la última oportunidad?
     R .- _____

(D)   Soy un creyente
                    (I´m a believer)

          1)   ¿Soy un creyente?
               R .- _____
          2)   No soy un creyente
               R .- _____
          3)   ¿No soy un creyente?
               R .- _____

(F)   Estaba (ella) entre la vida y la muerte
                    (She was between life and death)

          1)   ¿Estaba entre la vida y la muerte?
               R .- _____
          2)   No estaba entre la vida y la muerte
               R .- _____
          3)   ¿No estaba entre la vida y la muerte?
               R .- _____

(G)   (Esta) Será una operación (cirugía) sencilla
                    (This will be an easy surgery)

          1)   ¿Será una operación sencilla?
               R .- _____
          2)   No será una operación sencilla
               R .- _____
          3)   ¿No será una operación sencilla?
               R .- _____

(H)   Te será difícil ganar
      (Será difícil que ganes)
                    (It will be hard for you to win)

          1)   ¿Te será difícil ganar?
               (¿Será difícil que ganes?)
               R .- _____

2)   No te será difícil ganar
(No será difícil que ganes)
R .- _____

3)   ¿No te será difícil ganar?
(¿No será difícil que ganes?)
R .- _____

(I)   <u>Éramos tan felices</u>
                (We were so happy)

1)   ¿Éramos tan felices?
R .- _____

2)   No éramos tan felices
R .- _____

3)   ¿No éramos tan felices?
R .- _____

(J)   El único motivo de mi llamada fue para saludar
                (The only reason of my call was to say hello)

1)   ¿Fue para saludar el único motivo de mi llamada?
R .- _____

2)   Para saludar no fue el único motivo de mi llamada
R .- _____

3)   ¿No fue para saludar el único motivo de mi llamada?
R .- _____

RESPUESTAS
(Ejercicios Verbo **To BE**)

(A) Estoy realmente molesto / enojado:
    1) Am I really mad?
    2) I´m not / am not really mad
    3) Am I not really mad?

(B) Estaba equivocada acerca de tí:
    1) Was she wrong about you?
    2) She wasn´t wrong about you
    3) Wasn´t she wrong about you?

(C) Estaremos listos a tiempo:
    1) Will we be ready on time?
    2) We won´t / will not be ready on time
    3) Won´t we be ready on time?

(D) Era la última oportunidad:
    1) Was it the last chance?
    2) It wasn´t the last chance
    3) Wasn´t it the last chance?

(E) Soy un creyente:
    1) Am I a believer?
    2) I am not a believer
    3) Am I not a believer?

(F) Estaba entre la vida y la muerte:
    1) Was she between life and death?
    2) She wasn´t between life and death
    3) Wasn´t she between life and death?

(G) Esta será una cirugía sencilla:
    1) Will this be an easy surgery?
    2) This won´t be an easy surgery
    3) Won´t this be an easy surgery?

(H) Te será difícil ganar:
(Será difíicil que ganes)
   1) Will it be hard for you to win?
   2) It won´t be hard for you to win
   3) Won´t it be hard for you to win?

Nota (1):
   La forma de expresar esta idea en inglés es:
      Será difícil para tí ganar
   En español el *"para tí"* se substituye por: *"Te" (Te será difícil...)*

Nota (2):
   La expresión *"Será difícil que ganes"* también se podría decir como:
      "It will be difficult that you win".

(I) Eramos tan felices:
   1) Were we so happy?
   2) We weren´t so happy
   3) Weren´t we so happy?

(J) El único motivo de mi llamada fué para saludar:
   1) Was to say hello the only reason of my call?
   2) To say hello wasn´t the only reason of my call
   3) Wasn´t to say hello the only reason of my call?

Nota:
El *sujeto* de la expresión es una situación (la de *saludar* .- **to say hello**). Si se utilizara el pronombre "it" se referiría a eso, a la situación, quedando el motivo como complemento de la idea:

Was / Wasn´t it the only reason of my call?

TO HAVE

(HABER (como auxiliar: has, habrás, etc.) o TENER)

	Presente	Pasado	Participio	Futuro
---------------------------------- (SINGULAR) ----------------------------------
I	have	had	had	will have
You	have	had	had	will have
He	has	had	had	will have
She	has	had	had	will have
It	has	had	had	will have
---------------------------------- (PLURAL) ----------------------------------
We	have	had	had	will have
You	have	had	had	will have
They	have	had	had	will have

El verbo TO HAVE significa en español TENER o HABER, pero **como auxiliar solamente es HABER.**

Siempre que se tiene el auxiliar HAVE, el verbo se utiliza en PARTICIPIO.

EJEMPLO:

Ellos han visto al ejército ayudando a civiles.
They   have   seen the army helping civilians.
          (auxiliar) | Presente   Pasado   Participio
                    (Participio del verbo ver) ---- (see   saw   seen)

Has estado aquí antes
You   have   been here before
         (auxiliar) | Presente   Pasado   Participio
                   (Participio de estar)---------- (are   were   been)

139

En forma interrogativa sería así:

Have you been here before?

Nótese que se invirtió la posición del pronombre con el verbo auxiliar y el verbo de la acción se mantiene en su tiempo normal (en éste caso PARTICIPIO (**been**) debido a estar afectado por el auxiliar HAVE y que es lo que se encuentra inmediatamente junto al pronombre personal).

REGLA
a) El pasado simple de los verbos regulares se forma agregando "ED" al verbo.

	Presente	Pasado
Caminar	Walk	Walked
Reir	Laugh	Laughed
Trabajar	Work	Worked
Estudiar	Study	Studied
	(La "y" cambia por "i")	

b) El PASADO simple y el PARTICIPIO de verbos regulares es igual.

Presente	Pasado	Participio
Work	Worked	Worked

c) Siempre hay que indicar quién o qué está haciendo la acción de que se trate.

En español podemos decir "ya llegaron"; en inglés tendríamos que indicar quienes llegaron, es decir, "ellos ya llegaron".

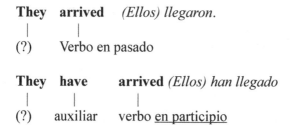

They   arrived   *(Ellos) llegaron.*
  | |
(?)   Verbo en pasado

They   have   **arrived** *(Ellos) han llegado*
  | | |
(?)   auxiliar   verbo en participio

Verbo Auxiliar
To HAVE
EJEMPLOS con Preguntas y Negaciones

*[Situación gramatical como auxiliar.- **Haber hecho algo**]*

(En caso de duda consultar la lista de verbos irregulares)

(PRESENTE)

Para: He terminado / Ya terminé
          (I have finished)

*   ¿He terminado?
          Have I finished?

*   No he terminado
          I haven't finished

*   ¿No he terminado?
          Haven't I finished?

Para: Has estado molestando todo el día
          (You have been bodering all day long)
          (Molestar = **To boder**)

*   ¿Has estado molestando todo el día?
          Have you been bodering all day long?

*   No has estado molestando todo el día
          You haven't been bodering all day long

*   ¿No has estado molestando todo el día?
          Haven't you been bodering all day long?

Para: Hemos tenido muchos problemas últimamente
          (We have had a lot of problems lately)

*   ¿Hemos tenido muchos problemas últimamente?
          Have we had a lot of problems lately?

141

* No hemos tenido muchos problemas últimamente
We haven't had a lot of problems lately

* ¿No hemos tenido muchos problemas últimamente?
Haven't we had a lot of problems lately?

(PASADO)

Para: Habías estado aquí antes
            (You had been here before)

* ¿Habías estado aquí antes?
Had you been here before?

* No habías estado aquí antes
You hadn't been here before

* ¿No habías estado aquí antes?
Hadn't you been here before?

Para: Habían tomado la peor decisión
            (They had taken the worst decision)

* ¿Habían tomado la peor decisión?
Had they taken the worst decision?

* No habían tomado la peor decisión
They hadn't taken the worst decision

* ¿No habían tomado la peor decisión?
Hadn't they taken the worst decision?

Para: (Ella) Se había estado sintiendo bien
            (She had been feeling well)

* ¿Se había estado sintiendo bien?
Had she been feeling well?

* No se había estado sintiendo bien
She hadn't been feeling well

* ¿No se había estado sintiendo bien?
    Hadn´t she been feeling well?

(FUTURO)

Para: Para entonces, ya me habré ido
           (By then, I will have gone)

* Para entonces, ¿ya me habré ido?
    By then, will I have gone?

* Para entonces, no me habré ido
    By then, I won't / will not have gone

* Para entonces, ¿no me habré ido?
    By then, won't I have gone?

Para: Habrán hecho mucho daño
           (They will have done a lot of harm)

* ¿Habrán hecho mucho daño?
    Will they have done a lot of harm?

* No habrán hecho mucho daño
    They won't have done a lot of harm

* ¿No habrán hecho mucho daño?
    Won't they have done a lot of harm?

Para: Habremos dado nuestro mejor esfuerzo
           (We will have given our best effort)

* ¿Habremos dado nuestro mejor esfuerzo?
    Will we have given our best effort?

* No habremos dado nuestro mejor esfuerzo
    We won't have given our best effort

* ¿No habremos dado nuestro mejor esfuerzo?
    Won't we have given our best effort?

(MEZCLANDO TIEMPOS GRAMATICALES)

Para: <u>Desde la semana pasada he estado de mal humor</u>
              (Since last week I have been on a bad mood)
              (De mal humor se dice: "en un mal humor")

* ¿Desde la semana pasada, he estado de mal humor?
              Have I been on a bad mood since last week?

* Desde la semana pasada no he estado de mal humor
              Since last week, I haven't been on a bad mood

* Desde la semana pasada, ¿no he estado de mal humor?
              Since last week, Haven't I been on a bad mood?

Para: <u>Te había visto</u>
              (I had seen you)

* ¿Te había visto?
              Had I seen you?

* No te había visto
              I hadn´t seen you

* ¿No te había visto?
              Hadn't I seen you?

Para: **Me había dado cuenta de eso**
              (I had realiced about that)

* ¿Me había dado cuenta de eso?
              Had I realiced about that?

* No me había dado cuenta de eso
              I hadn´t realiced about that

* ¿No me había dado cuenta de eso?
              Hadn't I realiced about that?

Para: <u>Habremos estado bailando todo el tiempo</u>
              (We will have been dancing all the time)

* ¿Habremos estado bailando todo el tiempo?
Will we have been dancing all the time?

* No habremos estado bailando todo el tiempo
We won´t have been dancing all the time

* ¿No habremos estado bailando todo el tiempo?
Won't we have been dancing all the time?

Para: **He estado trabajando demasiado**
(I have been working too much)

* ¿He estado trabajando demasiado?
Have I been working too much?

* No he estado trabajando demasiado
I haven´t been working too much

* ¿No he estado trabajando demasiado?
Haven't I been working too much?

EJERCICIOS

(A)   Habrás tenido tiempo para descansar
(You will have had time to rest)

1)   ¿Habrás tenido tiempo para descansar?
R .- _____

2)   No habrás tenido tiempo para descansar
R .- _____

3)   ¿No habrás tenido tiempo para descansar?
R .- _____

(B)   Los clientes se han quejado mucho
(The customers have complained a lot)

1)   ¿Se han quejado mucho los clientes?
R .- _____

2)   Los clientes no se han quejado mucho
R .- _____

3)   ¿No se han quejado mucho los clientes?
R .- _____

(C)   Para mañana en la mañana, todos se habrán ido
(By tomorrow morning, everybody will have gone)

1)   Para mañana en la mañana, ¿se habrán ido todos?
R. - _____

2)   No se habrán ido todos para mañana en la mañana
R .- _____

3)   Para mañana en la mañana, ¿no se habrán ido todos?
R. - _____

4)   ¿No se habrán ido todos para mañana en la mañana?
R. - _____

(D) <u>Ya se lo habían imaginado</u>
(They had already imagined it)

1) ¿Ya se lo habían imaginado?
R .- _____

2) No se lo habían ya imaginado
R .- _____

3) ¿No se lo habían ya imaginado?
R .- _____

(E) <u>Tú me habías dicho algo totalmente diferente a esto</u>
(You had told me something totally different to this)

1) ¿Me habías dicho algo totalmente diferente a esto?
R .- _____

2) No me habías dicho algo totalmente diferente a esto
R .- _____

3) ¿No me habías dicho algo totalmente diferente a esto?
R .- _____

(F) <u>El niño ha tomado su pastilla</u>
(The child has taken his pill)

1) ¿Ha tomado el niño su pastilla?
R .- _____

2) No ha tomado su pastilla el niño
R .- _____

3) ¿No ha tomado el niño su pastilla?
R. - _____

(G) <u>Habrán hablado sabiamente</u>
(They will have spoken wisely)

1) ¿Habrán hablado sabiamente?
R. - _____

2) No habrán hablado sabiamente
R .- _____

3) ¿No habrán hablado sabiamente?
R .- _____

(H) <u>Has pensado acerca de lo que te dije</u>
                        (You have thought about what I told you)

        1)   ¿Has pensado acerca de lo que te dije?
               R .- _____
        2)   No has pensado acerca de lo que te dije
               R .- _____
        3)   ¿No has pensado acerca de lo que te dije?
               R .- _____

(I) <u>Hemos querido que él lo sepa</u>
                    (We have wanted him to know)

        1)   ¿Hemos querido que él lo sepa?
               R .- _____
        2)   No hemos querido que él lo sepa
               R .- _____
        3)   ¿No hemos querido que él lo sepa?
               R .- _____

(J) <u>Había esperado que entendieras</u>
                    (I had hoped you to understand)

        1)   ¿Había esperado que entendieras?
               R .- _____
        2)   No había esperado que entendieras
               R .- _____
        3)   ¿No había esperado que entendieras?
               R .- _____

(K) <u>Ella ha esperado</u> (deseado) <u>ver sus sueños hechos realidad</u>
                    (She has wished to see her dreams come true)

        1)   ¿Ha esperado (ella) ver sus sueños hechos realidad?
               R .- _____
        2)   Ella no ha esperado ver sus sueños hechos realidad
               R .- _____
        3)   ¿No ha esperado ver sus sueños hechos realidad?
              R .- _____

(L)   <u>Al final habremos conseguido por lo que hemos luchado</u>
(At the end we will have gotten what we have fought for)

    1)   Al final, ¿habremos conseguido por lo que hemos luchado?
       R .- _____

    2)   Al final no habremos conseguido por lo que hemos luchado
       R .- _____

    3)   Al final, ¿no habremos conseguido por lo que hemos luchado?
       R .- _____

(M)   <u>Estoy seguro (de) que habremos hecho lo correcto</u>
(I'm sure (that) we will have done the right thing)

    1)   ¿Estoy seguro que habremos hecho lo correcto?
       R .- _____

    2)   No estoy seguro de que habremos hecho lo correcto
       R .- _____

    3)   ¿No estoy seguro de que habremos hecho lo correcto?
       R .- _____

(N)   <u>Habían estado buscando una pista correcta</u>
(They had been searching for a correct clue)

    1)   ¿Habían estado buscando una pista correcta?
       R .- _____

    2)   No habían estado buscando una pista correcta
       R .- _____

    3)   ¿No habían estado buscando una pista correcta?
       R .- _____

(O)   <u>Habrán abierto para cuando llegues</u>
(They will have opened by the time you get there)

1)   ¿Habrán abierto para cuando llegues?
R .- _____

2)   No habrán abierto para cuando llegues
R .- _____

3)   ¿No habrán abierto para cuando llegues?
R .- _____

RESPUESTAS
(Ejercicios Verbo To HAVE)

(A) Habrás tenido tiempo para descansar:
1) Will you have had time to rest?
2) You won't have had time to rest
3) Won't you have had time to rest?

Nota:

Como ya se ha indicado, el primer verbo To Have (*Haber*) es el auxiliar que está afectando al verbo de la acción, sin importar qué verbo pueda ser, como en este caso en que el verbo de la acción es *Tener* (To Have) y que en inglés corresponde al mismo verbo; sin embargo, como se ve claramente, el significado es totalmente diferente, uno de auxiliar y el otro de participio.

(B) Los clientes se han quejado mucho:
1) Have the customers complained a lot?
2) The customers have not complained a lot
3) Haven't the customers complained a lot?

(C) Para mañana en la mañana, todos se habrán ido
1) By tomorrow morning, Will everybody have gone?
2) By tomorrow morning, everybody will not have gone
3) By tomorrow morning, Won't everybody have gone?
4) Won't everybody have gone by tomorrow morning?

(D) Ya se lo habían imaginado
1) Had they already imagined it?
2) They hadn't already imagined it
3) Hadn't they already imagined it?

(E) Tú me habías dicho algo totalmente diferente a esto
1) Had you told me something totally different to this?
2) You hadn't told me something totally different to this
3) Hadn't you told me something totally different to this?

(F) El niño ha tomado su pastilla
1) Has the child taken his pill?

    2) The child hasn't taken his pill
    3) Hasn't the child taken his pill?

(G) Habrán hablado sabiamente
    1) Will they have spoken wisely?
    2) They will not have spoken wisely
    3) Won't they have spoken wisely?

(H) Has pensado acerca de lo que te dije
    1) Have you thought about what I told you?
    2) You haven't thought about what I told you
    3) Haven't you thought about what I told you?

Nota:
Si en este ejemplo, en lugar de decir "de lo que te dije" dijera "de lo que te *he dicho*", en inglés el verbo *decir* (To Tell) quedaría igual ya que se trata de uno de los verbos irregulares en los que el pasado y el participio son iguales. La diferencia sería el auxiliar To Have antes, con lo cual se identificaría no como un pasado sino como un participio:
¿Has pensado acerca de lo que te he dicho?
(Have you thought about what I've (I have) told you?)

(I) Hemos querido que él lo sepa
    1) Have we wanted him to know?
    2) We haven't wanted him to know
    3) Haven't we wanted him to know?

(J) Había esperado que entendieras
    1) Had I hoped you to understand?
    2) I had not hoped you to understand
    3) Hadn't I hoped you to understand?

(K) Ella ha esperado / deseado ver sus sueños hechos realidad
    1) Has she wished to see her dreams come true?
    2) She hasn't wished to see her dreams come true
    3) Hasn't she wished to see her dreams come true?

(L) Al final habremos conseguido por lo que hemos luchado
    1) At the end, Will we have gotten what we have fought for?

    2)   At the end we won't / will not have gotten what we've fought for

    3)   At the end, Won't we have gotten what we have fought for?

(M) Estoy seguro (de) que habremos hecho lo correcto
1)   Am I sure (that) we will have done the right thing?
2)   I'm not sure we will have done the right thing
3)   Am I not sure that we will have done the right thing?

Nota (1):

    En este ejemplo la acción (o verbo) principal es "estar seguro" y la acción en participio (haber hecho) forma parte de lo que complementa a la acción principal por lo que se mantiene sin cambio. Todos los cambios en el tiempo y forma gramaticales se están aplicando al verbo de la acción *Estar* (**To be**).

Nota (2):

    Así como en español se puede decir o no: *seguro de que*... o bien, *seguro que*, en inglés se puede o no usar el **that** (*que*)

(N) Habían estado buscando una pista correcta
1)   Had they been searching for a correct clue?
2)   They hadn't been searching for a correct clue
3)   Hadn't they been searching for a correct clue?

(N) Habrán abierto para cuando llegues
1)   Will they have opened by the time you get there?
2)   They won't have opened by the time you get there
3)   Won't they have opened by the time you get there?

HABER en el sentido de existencia de algo
(Hay, había, habrá, etc.)
[HABER no como Auxiliar]

Se forma de la siguiente manera:

THERE seguido del verbo *TO BE* en la tercera persona del singular o del plural en cualquiera de sus tiempos y formas gramaticales.

Es importante notar que el *"there"* en este caso *substituye al pronombre personal*. Por ello, al hacer una pregunta, la inversión de lugares se dará entre *"there"* y el auxiliar *"to be"*.

Por ejemplo, para decir:

Hay una patrulla afuera, lo primero que se debe analizar es si se está refiriendo a una sola cosa (o persona) o a varias, en este caso es *una patrulla*, o sea, se refiere a la tercera persona del singular (**is**), quedando la expresión en inglés así:

There is a police car outside.

Si la expresión se refiriera a dos o más patrullas se utilizaría la tercera persona del plural (**are**), o sea:

There are three police cars outside.

Para el caso de pregunta se aplica la sabida regla de inversión:

Is there a police car outside? *(¿Hay una patrulla afuera?)*

Si se desea expresar la idea en forma negativa, la negación (y cualquier cambio gramatical) se aplica al verbo **To Be**, que para nuestro ejemplo sería:

There isn´t a police car outside *(No hay una patrulla afuera)*

o bien:

Isn´t there a police car outside? *(¿No hay una patrulla afuera?)*

Estos ejemplos están en presente, obviamente, pero ya se dijo que el verbo To Be se puede utilizar en cualquier tiempo y forma gramaticales, de tal manera que la idea, dependiendo del sentido que se desee expresar, puede quedar así:

Había una patrulla afuera	**(There was a police car outside)**
Habrá muchas patrullas afuera	**(There will be a lot of police cars outside)**
Debería haber una patrulla afuera	**(There should be a police car outside)**
Podría haber una patrulla afuera	**(There could be a police car outside)**
No había patrullas afuera	**(There weren´t any police cars outside)**

Las palabras "Wh"

Existe una serie de palabras que comienzan con "Wh" y que se manejan en forma independiente del orden básico gramatical *Sujeto-Verbo-Complemento*, ya que quedan antes del Sujeto.

Es común pensar que palabras como **When (cuando), What (qué)** o **Where (donde, en donde)** indican una pregunta, lo cual no es necesariamente cierto, como se verá a continuación.

Las palabras con "Wh" en cuestión son las siguientes:

What	.-	¿Qué?	o	*lo que*
Where	.-	¿Dónde?	o	*en donde*
Why	.-	¿Por qué?	o	*porque*
When	.-	¿Cuándo?	o	*cuando*
Who	.-	¿Quién?	o	*quien*

Dentro de esta clasificación, también entra otra palabra, aunque no comienza con "Wh":

How	.-	¿Cómo?	o	*como*

Con estas palabras, para determinar si actúan con un sentido de pregunta o no, hay que recurrir precisamente a lo que determina la formación de una pregunta: la inversión en el orden entre el Sujeto y el Auxiliar.

Consideremos la expresión: ***Donde estás / En donde estás***

Si en inglés escribimos: ***Where you are*** tenemos el formato *Sujeto – Verbo* correspondiente a una <u>afirmación</u>, pero si escribimos: ***Where are you?*** tenemos el formato de una pregunta, es decir, *Verbo – Sujeto*.

Where are you? *(¿Dónde estás?)*   **Where you are** *(En donde estás)*

La misma situación se tiene para cualquiera de las demás palabras "Wh", incluyendo a "How":

How are you? *(¿Cómo estás?)*   **How you are** *(Como estás)*
When will you? *(¿Cuándo lo harás?)* **When you will** *(Cuando lo harás)*,
referido a algo.
(¿Cuándo lo desearás?)   *(Cuando lo desees)*
What are they? *(¿Qué son?)*   **What they are** *(Lo que son)*
Etc.

Como se puede apreciar, las palabras "Wh" de los ejemplos anteriores quedan <u>antes</u> (o fuera) del orden gramatical *Sujeto – Verbo (auxiliar) – Verbo – Complemento*.

E J E M P L O S

Lo que has sabido desde el principio.
¿Qué has sabido desde el principio?

¿Qué no has sabido desde el principio?
Lo que no has sabido

(Prepos.)	(Wh)		SUJETO	Afirmac.	Negación (...n't)	(...not)	Secundarios	(ADVERBIOS)	VERBO	COMPLEMENTO
	What	(?)	**you**	**have**					**known**	**since the beginning**
	What		you	have					known	since the begining?
	What		you		haven't				known	since the beginning?
	What		you		haven't				known	

INVERSION DE LUGAR

Ella era una persona muy especial para mi.
¿No era (ella) una persona muy especial para mi?
No, no lo era

(Prepos.)	(Wh)		SUJETO	Afirmac.	Negación (...n't)	(...not)	Secundarios	(ADVERBIOS)	VERBO	COMPLEMENTO
		(?)	**She**	**was**						**a very special person to me**
			she		wasn't					a very special person to me?
No,			she	Wasn't						

INVERSION DE LUGAR

161

E J E M P L O S

No serán tomados por sorpresa
Lo serán
¿No lo serán?
¿Lo serán?

(Prepos.)	(Wh)	(?)	INVERSIÓN DE LUGAR / SUJETO	(?)	AUXILIARES Afirmac.	Negación (...n't)	(...not)	Secundarios	VERBO (ADVERBIOS)	COMPLEMENTO
			They			**won't**			**be**	**taken by surprise**
			they				will		be	
			they?							
			they?							
		Won't								
		Will								

Puedes ser más específico que eso
¿No puedes?
¿No puedes ser un poco más específico?

(Prepos.)	(Wh)	(?)	INVERSIÓN DE LUGAR / SUJETO	(?)	AUXILIARES Afirmac.	Negación (...n't)	(...not)	Secundarios	VERBO (ADVERBIOS)	COMPLEMENTO
			You		**can**				**be**	**more specific than that**
			you				not?		be	a little more specific?
			you							
		Can								
		Can't								

162

Por qué debe él trabajar con nosotros
¿Por qué debe él trabajar con nosotros?

Cuando estoy con ella
¿Cuándo estoy con ella?

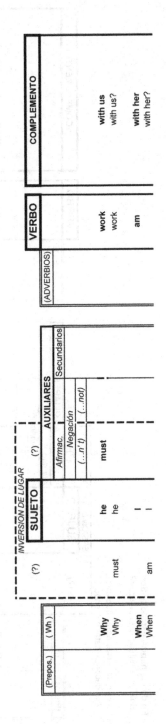

Donde viven los valientes
¿Dónde viven los valientes?

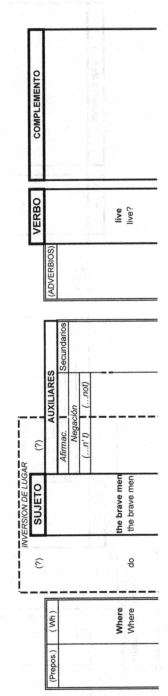

Nomás no lo podia creer
Nomás / Solamente ¿No lo podia creer?

No podias solamente creerlo
¿No podias nomás creerlo?

(Prepos.)	(Wh)	(?)	SUJETO	(?) AUXILIARES			(ADVERBIOS)	VERBO	COMPLEMENTO
				Afirmac.	Negación (...n't)	(...not) / Secundarios			
		Just Couldn't	—	just couldn't				believe	it
			—					believe	it?
		Couldn't	You	couldn't			just	believe	it
			you				just	believe	it?

Nota:

(1) Los adverbios no están sujetos a las reglas de cambio en el orden gramatical y al afectar a un verbo hacen un conjunto indivisible con éste.

(2) En un caso "**just**" afecta a **couldn't**, y en el otro caso "**just**" afecta a "**believe it**".

En donde habian estado antier
¿En donde habian estado antier?

Lo que deberías estar haciendo
¿Qué deberías estar haciendo?

(Prepos.)	(Wh)	INVERSION DE LUGAR	SUJETO	(?) AUXILIARES			(ADVERBIOS)	VERBO	COMPLEMENTO
				Afirmac.	Negación (...n't)	(...not) / Secundarios			
	Where		they	had				been	the day before yesterday
	Where	had	they					been	the day before yesterday
	What		you	should				be	doing
	What	should	you					be	doing?

164

RESUMEN RECORDATORIO

REGLA

"Existe un orden y una división de las partes de una oración"

Auxiliar	Quien hace la acción o de qué o quién se trata	Auxiliar (cuando existe)	Acción (verbo no auxiliar)	Complemento (resto de la oración)
Do	you		work	in Celaya?
Does	she		live	in Chiapas?
Do	we		work	very hard?
	They	are	eating	
Are	they		eating?	
	They	have	worked	with me before
	Have	they	worked	with me before ?
	You		are	sick (enfermo)
Are	you			sick?
	It	has	been	a dangerous trip
Has	it		been	a dangerous trip?
	She		worked	here last year
Did	she		work	here last year?

Como se ve, **es en el auxiliar (cuando existe) en donde se reflejan los cambios en la forma y el tiempo.**

Si se requiere usar el auxiliar DO al hacer una pregunta en tercera persona del singular y en presente, ahí se va a reflejar el uso de la "s" y el resto de la oración queda sin cambio, en su forma normal (o simple). Si se va a preguntar en pasado, es en el auxiliar donde se indica el tiempo y después de indicado, el resto queda sin cambio (de tiempo en este caso).

SEGUNDA PARTE - Resumen Recordatorio

EJEMPLO:

She likes ice cream   *(A ella le gusta el helado)*
Does she like ice cream? (el verbo de acción ya no se ve afectado por la "s")
They wrote a letter   *(Escribieron una carta)*
Did they write a letter? (Verbo: write, wrote, written)
                                           (el verbo de acción queda en infinitivo simple)

Nota:

Si la acción llevada a cabo por alguien está dirigida a otra persona (o cosa), se indica inmediatamente después del verbo de acción.

En el ejemplo anterior:

They wrote <u>me</u> a letter.	(Me escribieron / escribieron a mí)
Pronombre	Dirigido al Pronombre Personal
I	Me
You	You
He	Him
She	Her
It	It
We	Us
You	You
They	Them

Entonces, si los cambios se indican afectando ya sea al verbo de acción o al auxiliar y la NEGACION es un cambio, tenemos que ésta se forma así:

El trabaja en Celaya   *¿Trabaja (él) en Celaya?*
He works in Celaya   **Does he work in Celaya?**

El no trabaja en Celaya   *¿No trabaja (él) en Celaya?*
He doesn't / does not work in Celaya. **Doesn't he work in Celaya?**
He does not work in Celaya.
      ¿O no?   **Does he not?**

166

Aquí se aplican las siguientes reglas:

1.- La "s" afecta al auxiliar solamente.
2.- También el cambio de orden pronombre-auxiliar para hacer una pregunta se tiene aquí. (He doesn´t... / Doesn´t he... ?.) (*)
3.- La negación NOT se aplica al auxiliar, sea pregunta o no.

> (*).- En este caso se está utilizando la contracción *doesn´t* en lugar de *does not*. Si no se utilizara y se deseara hacer la pregunta, recordando la regla de invertir el pronombre personal con lo que esté *inmediatamente junto*, quedaría de la siguiente forma:

> **He does   not   work in Celaya.**
> **Does he   not?**

Esta es una forma muy *elegante* de expresarse (muy británica) y se utiliza en un sentido de <u>reafirmación</u> de algo, es decir un "¿o no?". Nótese que no se utiliza repitiendo de lo que se esté hablando (work in Celaya).

Y en igual forma, indicando un tiempo pasado:

We	**worked here before**	.-	*Trabajamos aquí antes*
Did we	**work here before ?**	.-	*¿Trabajamos aquí antes?*
We didn't	**work here before**	.-	*No trabajamos aquí antes*
Didn't we	**work here before ?**	.-	*¿No trabajamos aquí antes?*

Para el caso de los otros auxiliares:

> **We have worked before**
> Have we worked before ?

> **We haven't worked before**
> Haven't we worked before ?

Entonces la negación se elabora aumentando NOT al auxiliar y una vez modificado ya queda como una unión que no se separa al moverla de lugar, forma o tiempo.

> **You don´t like milk**   *No te gusta la leche*
> **Don´t you like milk ?**   *¿No te gusta la leche?*

o bien:

Don´t you like it ?   *¿No te gusta?*

En este caso, para no repetir, se puede utilizar el pronombre IT (ya que se refiere a la leche, que es una cosa)

She doesn´t live here   *Ella no vive aquí*
Doesn't she live here ?   *¿No vive (ella) aquí?*
She lives here. Doesn´t she ?   *Ella vive aquí, ¿o no ?*

Cuando se afirma algo, para confirmarlo se pregunta en negación y viceversa:

She lives here, doesn´t she?   *Ella vive aquí, ¿o no?*

You wouldn´t dare, would you? *No te atreverías, ¿o si?.*

Analizando por secciones:

Did you have enough time ?   (¿Tuviste suficiente
                                     tiempo?)
Didn´t you have enough time?

Didn´t you .-	Auxiliar en pregunta (primero auxiliar y luego la persona) en negación y en tiempo pasado
Have .-	Verbo
Enough time .-	Complemento de la oración

Have you been here before ? *(¿Has/Han estado aquí antes?)*
Haven´t you   **been   here before ?**
No, I haven´t   **been   here before**

Para no repetir todo lo que se pregunta se puede eliminar "been here before" contestando con el puro auxiliar, lo que equivaldría a decir "No, no lo he hecho" (¿qué cosa ?, estar aquí antes), es decir, contestar: Yes, I have.)

168

En el ejemplo anterior:

Ya se dijo que en el auxiliar se manejan los cambios, estando entre ellos el tiempo de la oración. Si en lugar de preguntar "¿Has estado aquí antes ?" quisiéramos preguntar "¿Habías estado aquí antes ?", tenemos que el cambio se tiene en el tiempo, de presente a pasado.

El pasado de HAVE para la 2a. persona es HAD; entonces la oración queda así:

| Presente : | **Have you** | **been** | **here before ?** |
| Pasado: | **Had you** | **been** | **here before ?** |

En negación quedaría:

| Presente: | **Haven´t you** | **been** | **here before ?** |
| Pasado: | **Hadn´t you** | **been** | **here before ?** |

El cambio en el orden auxiliar-pronombre personal nos indica si es pregunta o afirmación

El *"been"* es el participio y *"here before"* es el complemento y esto no cambió en nada.

TIEMPOS CONTINUOS
(o Progresivos)

Reflejan acciones que se están llevando a cabo o, dicho en otra forma, están *en progreso* y se forman de la siguiente manera:

?	+ TO BE	+ VERBO + ING	+ COMPLEMENTO
Quien hace la acción o de quién se trata (SUJETO)	auxiliar TO BE en el tiempo que se desee usar	verbo de la acción en su forma de imperativo + la terminación ING	resto de la oración

PRESENTE CONTINUO:

I   **am**   **drinking**   **a cup of coffee.**
(Estoy tomando una taza de café)
We   **are**   **having**   **a break**
(Estamos teniendo un descanso)
Interrogación.-   **Are we having a break ?**
Negación.-   **Aren´t we having a break ?**

Si el auxiliar TO BE, que se está usando en presente para formar el presente continuo, se pone en pasado (ya que se puede utilizar en cualquier tiempo que se desee), entonces se tiene el pasado continuo .

We   **were**   **having**   **a break**
We   **weren´t**   **having**   **a break**
Weren´t   **we**   **having**   **a break?.**

En igual forma, se puede utilizar el FUTURO, con lo que se forma el futuro continuo.

They   **will be**   **traveling**   **tomorrow**
(Estarán viajando mañana)

Y de igual modo en cualquiera de sus formas:

They won´t be traveling tomorrow   *No estarán viajando mañana*

Will they be traveling tomorrow ?   *¿Estarán viajando mañana?*

Won´t they be traveling tomorrow ?   *¿No estarán viajando mañana?*

Dentro de esta forma del futuro, hemos visto que hay otros auxiliares que se pueden utilizar. Si el futuro lo podemos poner en forma de tiempo continuo y estos otros auxiliares (de modo) pueden substituir al futuro, entonces también pueden aplicarse en los tiempos continuos, quedando como sigue:

We are looking the stars.
(Estamos viendo las estrellas)

El futuro continuo sería:
We will be looking the stars

Aplicando los auxiliares de modo:

Con WOULD.-   **We would be looking the stars**
                (Estaríamos mirando las estrellas)

Con COULD.-   **We could be looking the stars**
                (Podríamos estar mirando las estrellas)

Con MAY.-   **We may be looking the stars**
                (Puede ser que estemos mirando las estrellas)

Con MIGHT.-   **We might be looking the stars**
                (Pudiera ser que estemos mirando las estrellas)

Con SHOULD.-   **We should be looking the stars**
                (Deberíamos estar mirando las estrellas)

y en todos los casos son aplicables las mismas reglas vistas hasta ahora.

We would	Would we?
We wouldn´t	Wouldn´t we?
We could	Could we ?
We couldn´t	Couldn´t we ?

We may	May we?
We may not	May we not?
We might	Might we?
We might not	Might we not?
We should	Should we?
We shouldn´t	Shouldn´t we?

Existen verbos a los cuales no se les puede aplicar el Tiempo Continuo, como lo son:

To want (desear):

por lo que para decir: *"estoy deseando"* <u>no se puede decir</u> **"I am wanting"**; se debe decir:

"I am <u>wishing</u> to"

To like (gustar):

Si se desea expresar: *"Me está gustando"* <u>no se puede decir</u> **"I am liking"**; se debe decir:

"I am <u>getting to</u> like" (Me está llegando a gustar).

Como ya ha quedado claro, los *Tiempos Contínuos* indican estar en proceso de llevar a cabo algo, en proceso de realizar una acción. Esta situación puede darse en el momento actual o haberse dado en el pasado, pero en ambos casos se tratará de una realización futura en relación al momento en el que se le esté refiriendo, lo cual da lugar al:

PRESENTE CONTINUO CON SENTIDO FUTURO

el cual vamos a explicar a continuación:

PRESENTE CONTINUO CON SENTIDO FUTURO

Su formación es la del Presente Contínuo, con la peculiaridad de existir una referencia a futuro para su realización.

I am working next Saturday

> **(I am working** .- PRESENTE CONTINUO)
> **(next Saturday** .- Referencia a un FUTURO)

En español equivale a lo que expresamos en forma de un *presente normal* con referencia a un futuro:

> *Trabajo el sábado próximo.*
> *(Trabajo* .- PRESENTE)
> *(sábado próximo* .- Fecha FUTURA)

De igual forma podemos decir:

He is flying back home on December

que en español expresamos como:

El vuela de regreso a casa en diciembre

You´re leaving tomorrow at noon

lo que equivaldría a decir:

Te vas mañana al mediodía

Se puede también hacer referencia a un suceso del pasado en el cual se tuvo la intención de llevar a cabo una acción a futuro, es decir:

PASADO CONTINUO CON SENTIDO FUTURO

Por lo general este caso se tendrá en condiciones aclaratorias o de confirmación de un evento sucedido en un momento específico dentro de un relato:

"Don´t forget that I was working the next weekend"

("No olviden que yo trabajaba el siguiente fin de semana")

algo similar al más comunmente utilizado:

"…..me tocaba trabajar el siguiente fin de semana" o al "… iba a trabajar…"

Para hacer referencia a acciones futuras existen otras formas como, desde luego, el:

FUTURO CONTINUO

I will be working next Saturday
(*Estaré trabajando el siguiente fin de semana*)

en el cual se tiene la *certeza* de que se llevará a cabo una acción.

Otra manera de referirse al futuro que es semejante a la anterior es mediante la utilización de:

GOING TO

expresión con la estructura de un tiempo contínuo pero que forma un enlace con otra acción a futuro.

GOING TO

Es una forma de expresar que se va a realizar una acción o que se iba a hacer algo. Se expresa en forma de tiempo continuo, como se puede observar si analizamos su formación:

?	Auxiliar	Verbo GO+ING	Formación del infinitivo de un verbo	Verbo de la acción
(Pronombre personal)	TO BE (en cualquier forma y tiempo gramatical)	GOING	TO	Verbo

I was *going to* be there, but I got sick
Iba a estar ahí, pero me enfermé.

They are *going to* fight till the end
Van a luchar hasta el final.

La diferencia en este caso es que además de la forma de tiempo continuo (GO + ING = GOING) se continúa con otra acción (otro verbo que siempre estará *en infinitivo*, es decir que deberá tener "TO" antes).

Por lo anterior, podríamos considerar que el poner GOING TO es en realidad una forma de asegurar que el verbo de la acción quede en infinitivo:

Going to   to eat
(Forma usual de esta   (Infinitivo del verbo comer)
modalidad)

queda como: | **Going   to** |eat
                   |_____|

Ejemplo:

Ir a dormir	**Going to sleep**
Ir a caminar	**Going to walk** / **Going to take a walk**
Ir a manejar	**Going to drive**

IR .- Este verbo corresponde a la forma de ESTAR YENDO A, y en inglés a TO BE GOING TO.

Presente.-	**You are going to sleep**	*Vas a dormir* (*) / (*estás yendo a dormir)*
Pasado.-	**We were going to walk**	*Ibamos a caminar*
Pasado.-	**I was going to drive**	*Iba (yo) a manejar*

(*) También tiene un sentido de Futuro cuando se utiliza en el sentido de indicar lo que va a suceder.

TIEMPOS PERFECTOS

Se refieren a acciones que han sido realizadas y se forman así:

SUJETO	AUXILIAR TO HAVE SEGUN EL TIEMPO	VERBO DE ACCION EN PARTICIPIO	COMPLEMENTO
You	**have**	**done**	**your homework**
(Tu	*has*	*hecho*	*tu tarea)*

Dependiendo del tiempo en que se use TO HAVE, será el tiempo perfecto aplicado:

Presente Perfecto.-   **I have gone to my office**
                          (He ido...)

Pasado Perfecto.-   **You had gone to your office**
                          (Habías ido...)

Futuro Perfecto.-   **He will have gone to his office**
                          (Habrá ido...)

Así mismo, son aplicables las reglas estudiadas:

Have I gone... ?	Had you gone... ?	Will he have gone... ?
I haven´t gone...	You hadn´t gone...	He won´t have gone...
Haven´t I gone... ?	Hadn´t you gone...?	Won´t he have gone...?

Para los tiempos con auxiliares de modo:

We would have gone	*Habríamos ido*
You could have gone	*Podrías haber ido*
They may have gone	*Pueden haber ido / (Puede ser que hayan ido)*
I might have gone	*Hubiera podido ir*
You should have gone	*Deberían haber ido / Deberías haber ido*
You must have gone	*Deben haber ido / Debes haber ido*
We will have gone	*Nos habremos ido (*WILL es el auxiliar de modo para *FUTURIDAD)*

RELACIÓN ENTRE TIEMPOS CONTINUOS Y PERFECTOS

Existe una aplicación de los tiempos Continuos junto con los tiempos Perfectos ya que el auxiliar To HAVE afecta a *cualquier verbo*, incluido el verbo auxiliar To BE utilizado en la formación de los tiempos continuos. En otras palabras, el verbo To BE tiene entre sus aplicaciones de tiempos gramaticales tanto a los que son Continuos como a los Perfectos, como se muestra a continuación:

	Tiempos Continuos				Perfectos	
	Sujeto	To Be	Verbo+ING	Sujeto	To Have	Verbo en Participio
Para:						
Eat	I	am	eating	I	have	eaten
Read	You	are	reading	You	have	read
Talk	He	was	talking	He	had	talked
Dream	She	was	dreaming	She	had	dreamed
Work	It	will be	working	It	will have	worked
Work	We	would be	working	We	would have	worked
Work	You	could be	working	You	could have	worked
Work	They	may be	working	They	may have	worked
Work	I	might be	working	I	might have	worked
Work	You	should be	working	You	should have	worked
Be	I	am	being	I	have	been
	You	are	being	You	have	been
	He	is	being	He	has	been
	We	are	being	We	have	been
	You	are	being	You	have	been
	They	are	being	They	have	been

Como se ve, TO BE como auxiliar se utiliza en la formación de tiempos continuos para dar forma a cualquier verbo de acción aumentándole ING (incluído el verbo de acción To BE cuando se toma como un verbo de acción) y que como auxiliar se puede usar en cualquiera de sus tiempos, incluyendo los tiempos perfectos, o sea que el verbo TO BE es tan solo un verbo más que se puede poner en tiempos perfectos.

EJEMPLO:

To BE   en   *Tiempo Continuo* es:

I am   +   verbo   +   <u>ING</u>
I am   +   **work**   +   <u>**ing**</u>   =   **I am work<u>ing</u>**

Si en lugar de poner To BE en presente se pone en *Presente Perfecto*, quedaría así:

To BE en Tiempo Perfecto es: **I have been**   (*he estado*)

Entonces, para decir: *"He estado trabajando"* se dice:

I <u>have been</u>   work<u>ing</u>

y así como se puso en presente perfecto se puede poner en cualquiera de sus tiempos y se utiliza para formar **TIEMPOS CONTINUOS COMPUESTOS**.

Ejemplo con **To EAT** (*Comer*):

<u>Tiempo Continuo</u>   <u>Tiempo Perfecto</u>

He   will be   eating   **He   will have   eaten**
(El estará comiendo)   *(El habrá comido)*

Como el futuro perfecto de To BE es **will have been**, si los juntamos queda así:

He   will have   been   eating
(El habrá estado comiendo)

(Nótese que el auxiliar To HAVE afecta al verbo que le sigue: To Be y no To Eat, ya que *se está trabajando exclusivamente con la parte que corresponde al verbo To BE*)

O sea que dentro de los tiempos en que se utiliza el auxiliar To BE para la formación de los tiempos continuos, <u>se encuentran incluidos los tiempos perfectos del auxiliar To BE.</u>

Y así como se está usando la forma del futuro perfecto WILL HAVE BEEN, se pueden utilizar los demás auxiliares de modo en la formación de tiempos continuos:

Would	**have**	**been - verbo+ING**	*Habría estado...*
Could	**have**	**been - verbo+ING**	*Podría haber estado...*
May	**have**	**been - verbo+ING**	*Puede haber estado...*
Might	**have**	**been - verbo+ING**	*Pudiera haber estado...*
Should	**have**	**been - verbo+ING**	*Debería haber estado...*
Must	**have**	**been - verbo+ING**	*Debo haber estado...*

No importa qué tiempo gramatical se esté utilizando en una oración ni qué tan simple o compleja sea, siempre se tendrá la misma estructura bajo las mismas reglas.

SUJETO   AUXILIAR   VERBO   COMPLEMENTO

A este formato se le pueden anteponer una serie de preguntas con WH.:

What	Qué	(Se usa para preguntar el nombre de alguien)
Who	Quién / Quien	
When	Cuándo / Cuando	
Why	Por qué	

Por ejemplo:

I live in Guanajuato	*(Vivo en Guanajuato)*
Who lives in Guanajuato ?	*(¿Quién vive en Guanajuato?)*
Why does he live en Guanajuato ?	*(¿Por qué vive en Guanajuato?)*
When do you live in Guanajuato ?	*(¿Cuándo vives en Guanajuato?)*
You like coffee	*(Te gusta el café)*
What do you like ?	*(¿Qué te gusta?)*
Why do you like coffee ?	*(¿Por qué te gusta el café?)*
When do you like it ?	*(¿Cuándo te gusta?)*
Who likes coffee ?	*(¿A quién le gusta el café / ¿Quién quiere café?)*

Existen otras palabras que se pueden anteponer a una oración, es decir, que van <u>antes</u> (**pre**) de la **posición** básica para su formación; éstas se llaman precisamente:

PREPOSICIONES

TO, FROM, IN, AT, FOR, ON, OVER, INTO,

las cuales se verán en detalle más adelante.

GUÍA RÁPIDA

Cuando todavía se presente el caso de que la mente se nubla y no se encuentra una luz en el camino para saber cómo armar una expresión, no hay que dudar en recurrir a:

"LA REGLA TANFACIL"

la serie de seis pasos para poder determinar fácilmente el *qué* y el *cómo* de expresarse bien, algo tan sencillo como esto:

1) *QUIEN HACE LA ACCION* (EL *SUJETO* DE LA EXPRESION), recordando que puede estar bien definido con un nombre o bien con su pronombre correspondiente, pero también teniendo en cuenta que puede tratarse de *una situación* y estar aparentemente indefinida (pero que existe), como por ejemplo:

"Ha sido muy interesante"

Para definir el sujeto hay que preguntarse ¿quién hace la acción? según lo ya indicado, pero si no está definido entonces la pregunta a hacer es:

¿De qué o quién se trata?

y la respuesta puede ser tan indefinida como:

"algo" que no conocemos.

En el ejemplo, de lo que se trata es probablemente una situación, un evento o quizá una experiencia muy interesante, pero definitivamente no se ha tratado de una persona, con lo cual el pronombre que le corresponde es "**it**" y lo que no le corresponde es ni "He" ni "She", siendo la traducción:

It has been very interesting

(o bien, utilizando la contracción entre *it* y *has*:)

It's been very interesting

2) EL *TIEMPO* Y LA *FORMA* DE LO QUE SE QUIERA EXPRESAR, entendiéndose por *FORMA* lo relacionado a:

¿es pregunta o no?

¿el sentido es una negación?

¿se trata de un auxiliar de modo como: *would, can, could, should, may, might o must*? (Recordar que se manejan igual que WILL que en español es un tiempo gramatical pero que en inglés es un modal).

3) ¿SE REQUIERE DEL USO DE UN *VERBO AUXILIAR*?

(a) Para el caso de pregunta o negación, ¿se requiere indicarlo con el auxiliar To DO?
(Tener cuidado cuando se trate de una expresión en presente relacionada con la tercera persona de singular (ya sea al preguntar o en la respuesta) pues en el auxiliar To Do se utiliza DOES y si no hay auxiliar entonces el verbo de la acción referida lleva "S" al final).

(b) Si se requiere de un auxiliar y no es To DO, entonces deberá ser To BE o To HAVE y en el caso de éste último checar si se trata de la tercera persona del singular en presente para utilizar *"Has"* en lugar de *Have*

¿Ha sido tan duro para tí?

(Has it been so hard for you?)

(c) No olvidar utilizar el participio del verbo de la acción si se está utilizando el auxiliar To Have (HABER)

Has tenido mucho tiempo

(You have had a lot of time)
(Verbo de acción: *TENER* (To HAVE); Participio: *TENIDO* (HAD))

*En este caso tanto el auxiliar como el verbo de acción corresponden al verbo To Have, el primero como HABER y el segundo como TENER; como se puede ver esto no es motivo de confusión si se sigue la regla de que **"el verbo de la acción debe ir en participio cuando se ve afectado por el auxiliar HABER (To Have)"**, sin importar de qué verbo se trate, es decir, sin importar que coincida con el auxiliar como en este caso.*

4) Recordar que una vez establecidos *el tiempo* y *la forma*, todo lo demás (el complemento) no va a sufrir cambios.

5) Si se requiere del uso de una preposición, sea o no del grupo de las "Wh", tales como: why, when, what, who, how, etc. y ya sea solas o relacionadas a otra palabra como en el caso de "How much?" (¿Cuánto?) o "How many?" (¿Cuántas?) colocarla al principio de la expresión sin que por ello se afecte el resto de la forma o el tiempo de la misma.

> *¿Habrías ido sin mí?*
> **(Would you have gone without me?)**

> *¿Por qué habrías ido sin mí?*
> **Why would you have gone without me?**

> *¿Supo de eso?*
> **(Did she know about that?)**

> *¿Cuándo supo de eso?*
> **When did she know about that?**
> *¿Cuándo (lo hizo)?*   **(When did she?)**

> *Lo que sea, ¿nos podría afectar?*
> **(Whatever may be, Could it affect us?)**

6) Tener muy en cuenta la fórmula para formación de *Tiempos Continuos* y *Tiempos Compuestos*, así como la parte de la misma que se está trabajando, sobretodo en tiempos compuestos.

Para: *"Ellos podrían haber estado bebiendo toda la noche"*

Tiempo Contínuo :

Sujeto + *(To Be)* + *(Verbo acción* + *ING)* + *(Complemento)*
    (A)   (B)   (C)   (D)

(A)	*Ellos*	**They** (*Sujeto*)
(B)	*podrían*	**Could** (*Auxiliar de modo afectando a* haber estado)
(B)	*haber estado*	**Have been** (*Tiempo Perfecto para To Be*)
(C)	*bebiendo*	**Drinking** (*Drink* + *ING*)
(D)	*toda la noche*	**All night long** (*Complemento*)

Juntando (o *armando*) los elementos de la fórmula nos queda:

(Sujeto)	+	*(To Be)*	+	*(Verbo acción + ING)*	+	*(Complemento)*
They		could have been		drinking		all night long

Para el caso de que fuera en pregunta y con sentido de negación:

¿No podrían haber estado tomando toda la noche?

La negación se aplica **siempre al primer auxiliar** (de modo en este caso):

Could   -   **couldn´t / could not**

Para formar la pregunta simplemente se aplica la regla de inversión entre el sujeto y lo que le siga inmediatamente después y el resto no cambia en nada:

They couldn´t   -   Couldn´t they? / Could they not?

quedando finalmente así: **Couldn´t they have been drinking all night long?**

aplicando la regla de inversión entre el sujeto y lo que tenga inmediatamente junto.

CAN
(PODER)

PRESENTE

	Afirmación	Negación	
I	can	can't	(can not)
You	can	can't	
He	can	can't	
She	can	can't	
It	can	can't	
We	can	can't	
You	can	can't	
They	can	can't	

Este es un verbo muy especial por 5 razones:

1a)   Nunca se pone en infinitivo al referirse a él
      To can - NO

2a)   No tiene futuro. (**I will can.- NO**)

3a)   La 3a. persona del singular (He, She, It) <u>no lleva "S"</u>
      She cans - NO

4a)   No tiene PARTICIPIO, por lo que no se puede utilizar en tiempos
      perfectos (con el auxiliar HAVE)
      I have could - NO (En lugar de decir *yo he podido*, en inglés se
      dice *yo he estado apto para*).

5a)   No se puede utilizar con ningún auxiliar de modo: ¿La razón? *Can*
      <u>es un Auxiliar de Modo</u> (*capacidad de llevar a cabo algo*), y en
      una misma expresión no se pueden dar dos sentidos diferentes a la
      acción principal.

He would can	.-	NO
They should can	.-	NO
We must can	.-	NO
I will can	.-	NO

189

She could can	.-	NO
You might can	.-	NO
It may can	.-	NO

Dado que los auxiliares de modo expresan un sentido específico y único a la acción, al poner dos modales juntos se estarían dando dos sentidos en que la acción deberá ser interpretada. Por ejemplo, si tomamos como acción *comer (eat)* y le aplicamos el modal que da un sentido de *sugerencia (should)* se tendría la expresión: *They should eat (Ellos deberían comer)* y si le aplicamos el sentido de *capacidad de hacer algo (can)* se tendría: *They can eat (Ellos pueden comer)*; pero si aplicamos los dos sentidos simultáneamente se tendría algo así como: *Ellos deberían pueden comer (They should can eat)*. Linda aberración, ¿o no?

Pero, ¿cuál es la razón de que este verbo sea tan especial y tenga un tipo de manejo tan diferente?

Pues bien, resulta que CAN es el único verbo al que se acostumbra considerarle dos funciones, una como *verbo auxiliar* y la otra como *auxiliar de modo*.

Y precisamente, si consideramos las características de los auxiliares de modo, todas esas "reglas especiales" que aparentemente no tenían una razón lógica de ser, se vuelven, por el contrario, en algo por demás lógico y hasta obvio. Veamos por qué:

1ª) *No tiene infinitivo* .- ¡Cómo va a tenerlo! Los "auxiliares de modo" no tienen infinitivo simple y sencillamente porque NO SON VERBOS.

2ª) *La 3ª persona del singular no lleva "s"* .- Esta regla es válida para un verbo <u>en presente</u>, solo que los auxiliares de modo se manejan igual que WILL, indicador del *futuro*; al pertenecer al grupo de los "tiempos modales", sean lo que sean, lo que no son es *un presente* (ni siquiera un verbo).

3ª) *No tiene futuro* .- Si el futuro se indica con un auxiliar de modo (WILL) y CAN es otro de los auxiliares de modo del grupo, indicando un modo distinto de considerar aquello que esté afectando, sería el equivalente a juntar dos tiempos diferentes relacionados a una misma acción, utilizando además dos auxiliares de modo juntos (o uno u otro, pero no los dos).

4ª) No se utiliza en Tiempos Perfectos.- En la formación de estos tiempos se utiliza el verbo auxiliar HAVE que deja al de acción en *participio*, quedando así con una terminación de voz pasiva (o sea, <u>cambiando de forma</u> la palabra). Dado que HAVE afecta directamente <u>a un verbo,</u> es un auxiliar de modo el que se encarga de la forma en que se desee expresar la acción; ¿cómo?, afectando al verbo auxiliar HAVE que a su vez está afectando al verbo de la acción: *Auxiliar de Modo + HAVE + Verbo de Acción*. Si consideramos como "verbo principal (o verbo de acción)" a CAN, tendríamos una expresión con la forma: *Auxiliar de Modo + HAVE+ CAN*, obligando el auxiliar HAVE a cambiar al verbo afectado (CAN) a su forma de voz pasiva (algo así como: *debería →haber → "deberido"*), lo cual no es posible, y por otro lado, HAVE ya no estaría auxiliando *a un verbo* (los auxiliares de modo *no son verbos*), lo cual es su función básica.

5ª) *Al no tener futuro no se puede afectar con un Auxiliar de Modo.-* CAN siempre estará auxiliando a un verbo (de acuerdo a su función de auxiliar de modo); si se le pusiera antes otro auxiliar de modo se tendrían *dos* juntos afectando al mismo verbo.

También podríamos aumentar otra regla: ***No tiene Tiempo Continuo***, ya que se le tendría que aumentar la terminación *ING*, quedando como *caning* (**We are caning** para decir: *estamos pudiendo*, con lo cual su forma cambiaría) y CAN es de forma única.

Hasta aquí lo que se refiere a las características de CAN como un Auxiliar de Modo. Sin embargo, en lo que se refiere a su función como verbo auxiliar (un verbo común, normal en su manejo), *sí debe cumplir con las características de cualquier verbo. ¿Entonces, sí o no?*

La respuesta es "**sí**" a todas las reglas de un verbo, pero mediante una manera o enfoque especial que vamos a conocer un poco más adelante.

Ya que CAN tiene características normales de cualquier verbo entre las cuales están los tiempos gramaticales, pero dado que como auxiliar de modo no puede cambiar su forma, es necesario tomar en cuenta un manejo especial al considerar su significado para el PASADO y el FUTURO o cualquier otro tiempo o forma gramaticales.

191

Como algunos ejemplos se tendrían los siguientes:

It can be said that...	*Puede decirse que...*
Can you?	*¿Puedes?*

[No se puede decir **<u>Do</u> you <u>can</u>?** porque **Do** se utiliza como el auxiliar con el cual se intercambia la posición del sujeto en la elaboración de una pregunta "cuando en la expresión afirmativa <u>no se tiene un auxiliar</u>" y dado que en este caso ya está presente el auxiliar de modo **Can**, al duplicar los auxiliares sería el equivalente a decir: *¿Lo haces poder?*)]

Could you please?	*¿Podrías, por favor?*
We can't do it	*No lo podemos hacer*
Can you manage?	*¿Puedes arreglártelas?*
Can't you see?	*¿No ves? / ¿No te das cuenta?*
Can't you see it?	*¿No lo ves?*
The reason why they can't come...	*La razón por la que no pueden venir...*
Can I help you?	*¿Puedo ayudarle?*

<u>Nota:</u>
La expression **May I help you?** significa: *¿Me permite ayudarle?*

Could I help you?	*¿Podría ayudarle?*
I can't believe it	*No puedo creerlo*
I just can't believe it	*Nomás no puedo creerlo*

PASADO (PRETÉRITO) SIMPLE, COPRETÉRITO, POSPRETÉRITO

COULD

	Afirmación	Negación	
I	could	couldn´t	(could not)
You	could	couldn´t	
He	could	couldn´t	
She	could	couldn´t	
It	could	couldn´t	
We	could	couldn´t	
You	could	couldn´t	
They	could	couldn´t	

Pretérito simple:

Se utiliza para casos específicos, como una afirmación de *haber podido* [...*sí pude*], o de no haber podido [... *no pude*]

Pensé que no lo podría hacer, pero cuando lo intenté, <u>sí pude</u>.
I thought I couldn´t do it, but when I tried, I certainly <u>could</u>.

<u>No pudo</u> (ella) cantar la canción.
<u>She couldn´t</u> sing the song

Copretérito:

Se utiliza como *auxiliar en pasado* de otro auxiliar.

Podías / Pudiste haberle advertido (a ella)
You <u>could have</u> worn her

Pudiste haber pensado eso antes de hablar
You <u>could have</u> thought that before talking

Pospretérito:

Se utiliza como *auxiliar de modo*, indicando un sentido de posibilidad.

193

Podrías, si quisieras
You could, if you wanted to.

Eso podría / pudiera significar varias cosas.
That could mean several things

Otras aplicaciones se relacionan con una consulta, una petición o solicitud de algo (*una acción*):

- *¿Podría decirme cómo llegar a...?*
  (Could you *tell* me how to get to...?)

- *¿Podrías pasarme el azúcar, por favor?*
  (Could you *pass* me the sugar, please?)

- *¿Podrían ser ellos?*
  (Could they *be* the ones?)

- *Podría haber una patrulla en camino de inmediato.*
  (There could *be* a police car on its way in no time)

- *¿Podría quedarme un poco más?*
  (Could I *stay* a little longer?)

Nota:

Aunque se tiene la terminación "ría" afectando al verbo "poder" (*podría*), en este caso no se forma con el auxiliar de modo "would" normalmente utilizado para ese fin (el equivalente de poner *would can*) ya que CAN también es un auxiliar de modo, con lo que no solo se tendrían dos auxiliares de modo juntos, uno afectando al otro, sino que faltaría el verbo de acción al cual tendrían que estar afectando, como sería el caso, por ejemplo, de: She **would** know / stay if... / **be, etc.** (*Ella sabría / se quedaría si... / estaría, etc.*).

Ejemplos de la aplicación de **can** y **could** serían los siguientes:

It can be said that...	*Puede decirse que...*
That could mean several things	*Eso podría/pudiera significar varias cosas.*
She couldn´t sing the song	*No pudo (ella) cantar la canción*

Could you please?	*¿Podrías, por favor?*
You could, if you wanted to	*Podrías, si quisieras*
Could you manage by yourself?	*¿Podrías arreglártelas solo?*
Could I help you?	*¿Podría ayudarle?*
Could you think of something like this?	*¿Podrías pensar en algo así?*

TO BE ABLE TO

El concepto de *poder* **realizar algo** se puede sustituir por una forma diferente de decir lo mismo, que sería *estar apto* **para hacer algo.**

En español, sí es posible conjugar "poder", aplicando todas las formas y tiempos gramaticales (podía, pude, podré, hemos podido, habrían podido, etc.). En inglés, también es posible aplicar el sentido que se desee expresar; para ello se utilizan los *modales*, pero en el caso de "poder", siendo *Can* también un modal y no siendo posible aplicar dos sentidos diferentes a una misma acción, es necesario recurrir a la utilización de su sinónimo.

USO DE "COULD" Y "WAS ABLE TO"

COULD .- *podía, podías, podíamos, podían*

> En las listas de verbos, ocasionalmente se pone a *"could"* como pasado de CAN, pero la realidad es que no es así. Al indicar una capacidad para realizar algo en una *forma o sentido general* y no respecto a un evento o momento específico, de lo que se está hablando es de un copretérito y no de un pasado simple, que es, precisamente, lo que sería si se utiliza:

WAS ABLE TO .- *pude, pudiste, pudimos, pudieron*

> Indica la capacidad que se tuvo de llevar a cabo algo referido a un momento específico o a un evento en particular, es decir, se trata de un pasado simple de una acción.

Sin necesidad de recurrir a ejemplos, de lo que se está hablando va a quedar claro al analizar lo siguiente:

COULD y WAS ABLE TO.

Entender el uso combinado de las dos expresiones se reduce a algo tan sencillo como saber cuándo se utiliza en español **"PODÍA"** o cuándo se utiliza **"PUDE"**, es decir, **COULD** (copretérito de CAN) o **WAS ABLE TO** (pasado simple de TO BE ABLE TO).

- *Cuando era más joven, podía tomarme la botella entera de tequila sin sentirme mareado, pero ahora con trabajos pude tomar tres copas antes de sentirme mal.*

- **When I was younger, I <u>could</u> have the whole bottle of tequila without feeling dizzy, but now I <u>was</u> hardly <u>able to</u> take three cups before feeling sick.**

Nótese cómo la primera parte se refiere a una capacidad que se tenía en forma general ("cuando era joven", una <u>época</u> del pasado, independiente de un momento o fecha específicos), y cómo la segunda parte sí se refiere a una fecha, un momento o una época en particular ("pero ahora" se refiere a la época actual y a todos los momentos y fechas que la puedan formar, y sería posible poner algo como *"pero ayer"*, *"pero anoche"*, *"pero en la comida del otro día"*, etc. para ser más específicos de la acción ocurrida en una <u>época pasada en particular</u>).

... "Y TODO LO CUAL SE REDUCE A":

> **COULD = <u>PODÍA</u>**
> y
> **WAS ABLE TO = <u>PUDE</u>**

RELACIÓN DE *COULD* Y *BE ABLE TO*

COULD se utiliza para expresar una aptitud de haber hecho algo en una forma más bien general y no aplica a un evento específico (cuando se refiere a un par de eventos, precisamente).

P. ej.:

Years ago, he could win any match, but today he wasn´t able even to finish the first half.
Hace años, él podia ganar cualquier partido, pero hoy no pudo ni siquiera terminar el primer medio tiempo.

Continuando con la oración en forma de tiempo perfecto (mediante el uso del auxiliar HAVE), se puede utilizar COULD o BE ABLE TO:

Nevertheless, if he had trained, he could have won again.
Nevertheless, if he had trained, he could have been able to win again.
(*Sin embargo, si hubiera entrenado, habría podido ganar otra vez / volver a ganar*)

Se utiliza COULD como pasado de CAN DO (habilidad de hacer algo), especialmente con los siguientes verbos:

See .-	*Ver*	**Feel** .-	*Sentir*	
Hear .-	*Oír*	**Understand** .-	*Entender, comprender*	
Smell .-	*Oler*	**Remember** .-	*Recordar*	
Taste .-	*Probar*			

When we went into the house, we could smell something burning.
Cuando entramos a la casa, pudimos oler algo quemándose.

She spoke in a low voice but I could understand what she was saying.
Habló (ella) en voz baja pero pude entender lo que estaba diciendo.

El pasado de COULD DO viene siendo **COULD HAVE**, el cual se utiliza para decir que se tuvo la oportunidad de hacer algo pero no lo hicimos:

She didn't see Miss Universe Awards last night. She <u>could have</u> stayed at home watching the TV but she preferred to go out with her friends.

(She had the opportunity to stay at home, but she didn´t)
Ella no vió la premiación de Miss Universo anoche. Se <u>pudo haber</u> quedado en casa viendo la TV pero prefirió salir con sus amigos. (Tuvo la oportunidad de quedarse pero no lo hizo)

Why did you stay alone at home? You <u>could have</u> come with us.
(You had the opportunity to come with us but you didn´t)
¿Por qué te quedaste solo en casa? <u>Habrías podido</u> venir con nosotros. (Tuvo la oportunidad de venir con nosotros pero no lo hizo)
Cuando se utiliza en su forma negativa, significa que <u>no se podría haber hecho aunque se hubiera querido</u>:

Last winter, while I was in Europe, I decided not to go to Switzerland for skiing. Instead, I went to visit Greece.
(El invierno pasado, mientras estaba en Europa, decidí no ir a Suiza a esquiar. En lugar de eso, fui a visitar Grecia).

When I got back from Greece, I found out that all the skiing resorts were closed because of the bad weather, so I <u>couldn´t have</u> practice skiing anyway.
(Cuando regresé de Grecia me enteré que todos los centros de ski fueron cerrados debidos al mal tiempo, así que <u>no habría podido</u> esquiar de ningún modo).

FUTURO DE CAN

Para expresar el futuro de CAN, hay que pensar en que "PODER" significa "ESTAR APTO PARA hacer algo", o bien, "SER APTO PARA hacer algo" y es precisamente este sinónimo, "TO BE ABLE TO" (basado en el verbo ESTAR) el que se utiliza, en todos sus tiempos gramaticales, para formar el futuro de CAN.

TO BE ABLE TO

Utilización de TO BE ABLE TO

Como se dijo, este verbo se puede conjugar en cualquier tiempo y forma gramatical, (tiempos continuos o tiempos compuestos), pero es en su tiempo FUTURO que se relaciona con CAN al substituirlo, sin olvidar que al igual que el futuro (que es un auxiliar de modo), se utiliza TO BE ABLE TO al aplicar cualquiera de los demás auxiliares de modo.

Futuro simple.- **She will be able to stay until midnight**
Ella podrá quedarse hasta medianoche

Futuro perfecto.- **I will have been able to finish by 10 o´clock**
Habré podido terminar para las 10.

Presente continuo.- **They are being able to handle the problem**
Están pudiendo manejar el problema

Como se ve, para utilizar el futuro continuo ("estarán pudiendo (podrán estar) manejar el problema"), el futuro se tendría que aplicar al verbo ESTAR (they will be able) y la forma continua se aplicaría como "estar manejando" (to be handling the problem). La forma en que se diría sería como: "podrán quedarse manejando el problema", es decir: **They will be able to stand handling the problem.**

Substituyendo la forma de WILL por auxiliares de modo se tendrían los siguientes ejemplos:

You would be able to pay
Podrías pagar

She could be able to win
Ella podría ganar.

I may be able to lend you the money
Puede que esté en la posibilidad de prestarte dinero
Puede que te pueda prestar el dinero

We might be able to get there on time
(Pudiera ser) Pudiéramos llegar allá a tiempo (acción muy condicionada a algo más)

La utilización de **To BE (able to)** permite la aplicación de cualquier forma gramatical, ya que se trata de un verbo normal que acepta todo tipo de cambio en su tiempo y forma.

Tiempos PERFECTOS:

Presente perfecto:

> **You have been able to pay**
> (Has podido pagar)

Pasado perfecto:

> **You had been able to pay**
> (Habías podido pagar)

Futuro perfecto:

> **You will have been able to pay**
> (Habrás podido pagar)

Tiempos CONTINUOS:

Presente continuo:

You are being able to pay
(Estás pudiendo pagar)

Pasado continuo:

You were being able to pay
(Estabas pudiendo pagar)

Etc.

TANFACIL

ACCIONES REFERIDAS A ALGUIEN MÁS

Cuando la acción realizada está relacionada o dirigida a alguna otra persona, animal o cosa, es decir, a algo o a alguien más, ello se indica inmediatamente después del verbo o acción a la que se esté refiriendo.

Para ello, cuando no se hace mención del nombre de la persona o cosa, se utilizan los pronombres de objeto:

Me   *(A mí / me)*
You   *(A tí / te)*
Him   *(A él / al / le)*
Her   *(A ella / a la / le)*
It   *(A ello / lo)*
Us   *(A nosotros / nos)*
You   *(A ustedes / les)*
Them   *(A ellos / A ellas / les)*

EJEMPLOS

Para: *Escribí una carta*
         (**I wrote a letter**)

Si referimos o le dirigimos la acción a otra persona queda así:

Le escribí una carta (a ella)
(**I wrote *her* a letter**)

Otros ejemplos serían:

Me mandó un regalo (ella)
(**She sent a gift *to me***) .- *(Ella mandó un regalo a mí)*
(**She sent *me* a gift**) .- *(Ella me mandó un regalo)*

Les daré las buenas nuevas
(**I will give *them* the good news**)

Me dijeron que no vendrías
(**They told *me* that you wouldn´t come**)

o bien:

> <u>Me</u> dijeron que no ibas a venir
> **(They told _me_ that you weren´t coming)**

En el caso de un imperativo:

> *Consíguelo <u>(a él)</u> al teléfono* (Haz que se ponga al teléfono / Haz que se ponga a la línea)
> **(Get _him_ on the line)**

ACCIONES REFERIDAS A ALGUIEN MAS INDICANDO UNA SEGUNDA ACCION

Para indicar que se le indica a otra persona llevar a cabo otra acción, en español se utiliza la palabra de enlace *"QUE"* seguida del verbo de la segunda acción afectado (no siempre) por el correspondiente pronombre de objeto.

Así, por ejemplo:

> *Te digo que te esperes*

se puede decir también como:

> *Te digo que esperes*, quedando sobreentendido el pronombre (*te*).

En inglés la primera acción indica los tiempos y formas gramaticales de la expresión; la segunda *siempre estará en infinitivo*.

Le pedí al guardia que te llamara
(**I asked the guard** *to call* **you**)

Analizando la primera acción:

Verbo de la acción .- **asked** (*pedí*)
Persona a quien está referida la acción .- **the guard** (*al guardia*)

Utilizando el pronombre correspondiente se tendría:

Le pedí al guardia que te llamara
(**I asked** *him*) .- *le pedí*

En este ejemplo se tienen dos acciones referidas a alguien más:

La primera es entre quien habla (*Yo*) y el guardia.
La segunda es entre el guardia y la persona a quien se le pide llamar (*Tú*)

Para la segunda acción se hace lo mismo que para la primera:

Verbo de la acción .- **To call** *(Llamar)*
Persona a quien está referida la acción .- **You** *(Te / a ti)*

La relación hacia la segunda acción se puede o no indicar en español por medio del enlace *"que"* continuando con un verbo terminado en *eras* o *aras* (como en *comieras* o *llamaras*) o bien utilizando un sentido imperativo (que *comas*, que *llames*), pero en inglés solamente se indica poniendo al segundo verbo en infinitivo.

Le pedí al guardia que te llamara

Le pedí al guardia llamarte

En ambos casos en inglés se diría: **I asked the guard** *to call* **you.**

A manera de "truco" se puede considerar que el *To* del segundo verbo equivale al *"que"* del español:

Le pedí al guardia que --- **I asked the guard** *to*

Esto, insisto, no es una verdad gramatical, pero puede servir para no olvidarse de utilizar el *To* en el segundo verbo y expresarse así correctamente.

Nota:

Como ya se indicó, el pronombre o el sujeto a quien se está refiriendo la acción se indica inmediatamente después del verbo, lo cual es válido aún en el caso de los verbos compuestos (en dos partes) o de los que siguen con *"to"*, tales como:

Ask to (pedir), turn on (conectar), turn off (desconectar), give up (rendirse), want to (desear), get out (salir), get in (entrar), get to (llegar a), need to (necesitar, requerir), put in (poner dentro), turn over (voltear), take off (quitar), put on (poner sobre), cut up (cortar), etc.,

en donde la persona a la cual se refiere la acción se indica entre las dos partes, es decir, seguido del verbo:

<u>Para</u>:

asked to   .-   (pedí)

¿A quién?   .-   al guardia **(the guard)** = 2° sujeto

(Le) Pedí al guardia. -   **I asked**   /   *the guard*   /   **to...**
                                (1a. acción)   (Referida a)   (2a. acción)

EJEMPLOS:

Para decir: *Te dije que comieras,* o en imperativo: *Te dije que comas*
se dice: **I told you *to eat*** (Te dije *comer*)

De forma semejante:

Hubiera sido conveniente que   **(It would have been convenient**
lo escucharas   **for you *to listen* him)**

También se podría decir:
-*Te hubiera sido conveniente*   **(It would have been convenient**
escucharlo / escucharle (a él)   **for you *to listen* him)**
-*Hubiera sido conveniente para tí*   **(It would have been convenient**
escuchar(le)   **for you *to listen* (him))**
                                    <u>Nota</u>: No se puede poner *listen <u>to</u> him*
                                    porque significaría "escúchalo"

Les dije que se retiraran   **(I told you *to leave*)**
Me ordenó que viniera   **(He ordered me *to come*)**
Quiero que te acerques   **(I want you *to get* closer)**
                                    (Closer = más cerca)
Quiero que vengas más cerca   **(I want you *to come* closer)**
Me gustaría que te quedaras   **(I would like you *to stay*)**

<u>NEGACIONES:</u>

Para poner en negación una expresión en donde se están utilizando dos acciones (verbos), la primera correspondiente a quien está hablando y la segunda referida a alguien más, se debe tener claro a cuál de las acciones se le desea aplicar el sentido de negación, ya que puede ser a la primera, a la segunda o a ambas.

En el caso de querer afectar a la primera acción se maneja en la forma normal mediante el auxiliar To DO en el caso de un presente o pasado: (don't, didn't, do not, did not)

Si se desea dar sentido de negación a la segunda acción (la referida a alguien más) se utiliza la forma:

...no + (verbo en infinitivo) = **not + (to...)**
(no + comer = **not + to eat)**

Así, por ejemplo, para la expresión:

"Te dije que comieras" **(I told you to eat)**

dando sentido de negación a la segunda acción:
Te dije que no comieras **(I told you not to eat)**

dando sentido de negación a la primera acción solamente:
No te dije que comieras **(I didn't tell you to eat)**

dando sentido de negación a ambas acciones:
No te dije que no comieras **(I didn't tell you not to eat)**

y que poniéndolas en forma de pregunta quedarian así:

¿Te dije que no comieras? **(Did I tell you not to eat?)**

¿No te dije que comieras? **(Didn't I tell you to eat?)**

¿No te dije que no comieras? **(Didn't I tell you not to eat?)**

Todas estas expresiones se podrían poner en sentido imperativo (como una orden) en español, pero en inglés quedarían exactamente igual:

Te dije que comieras	---	*Te dije que comas*
¿Te dije que comieras?	---	*¿Te dije que comas?*
¿No te dije que comieras?	---	*¿No te dije que comas?*
¿No te dije que no comieras?	---	*¿No te dije que no comas?*

Utilización de To GET:

Existen acciones que permiten la utilización del verbo To GET. Su significado principal es "conseguir" o "alcanzar / llegar" pero tiene la característica de ser quizás el verbo más utilizado y en más diversas formas. Dentro de estos otros significados está el de "volverse" y en cierta manera "ponerse".

Como ejemplo tomemos al verbo "sentarse". Si utilizamos *ponerse* se podría decir: *ponerse sentado*, o sea ponerse en la posición de sentado.

La realidad es que existe una diferencia entre "sentar" y "sentarse", lo cual es válido también en inglés:

Sentar = **To seat** ; *Sentarse* = **To *get* seated**

Para la expresión:

Les dije que se sentaran   (**I told them to seat down**)

Se podría decir:

Les dije que se pusieran sentados   (**I told you to get seated**)

Como se ve, la segunda acción está en *participio* (terminación *ado / ido*), algo que merece mucha atención cuando se está trabajando con verbos irregulares en los cuales el pasado y el participio no son iguales. De hecho, esta segunda acción se convierte en una tercera acción al estar afectada antes por "ponerse" (To get), actuando a manera de un *auxiliar*.

Les dije	(**I told them**)	.- 1ª acción
que se pusieran	(**to get**)	.- 2ª acción
sentados (Participio)	(**seated**)	.- 3ª acción

El sentido de negación para la acción referida a alguien más se maneja en To GET, ya que está actuando como verbo auxiliar *y es en los auxiliares en donde se manejan los cambios de forma y tiempo gramaticales* (¿Ya se había dicho antes?)

Les dije que no se pusieran sentados(**I told them not to get seated**)

Aunque esta expresión (*ponerse sentado*) suene rara y pocas veces se llegue a usar en español, podemos decir que equivale al usual:

Les dije que se sienten --- **I told them to seat (down)**

o bien:

Les dije que se sentaran --- **I told them to get seated**

Nota:

En relación a este verbo, existe otra forma de indicar lo mismo utilizada como una forma educada y amable de pedir a alguien que *tome asiento* y que usualmente va acompañada de *por favor*:

Please be seated (*Por favor esté sentado,* o bien, *por favor tome asiento*),

lo cual no debe confundirse con:

Por favor siéntense	---	**Please sit down**
Ahora pueden sentarse	---	**You may sit down now**
¡Siéntense!	---	**Sit down!**
¡Sentados!	---	**Sit!**

DESCRIPCIÓN DE PERSONAS Y COSAS

Se utiliza el verbo To BE en cualquiera de sus tiempos:

She is pretty   (*Ella es/está bonita*)
He was fat.   (*El estaba gordo*)

También con To HAVE (tener)

She has long black hair   (*Ella tiene pelo negro largo*)

REGLA

Los adjetivos van antes del sustantivo.

Existe un orden para los adjetivos y es el siguiente:

Calificativo, tamaño, edad, procedencia, tipo, sustantivo

Por ejemplo:

Guanajuato es una pequeña, antigua, cultural y muy bella ciudad mexicana tipo medieval.
Guanajuato is a very pretty little old mexican cultural medieval type city.

Londres es una de las más contrastantes ciudades europeas.
London is one of the european most contrasting cities.

Las Vegas es el centro mundial del juego y de los mejores espectáculos.
Las Vegas is the gambling and best shows center in the world

ADJETIVOS DEMOSTRATIVOS

	SINGULAR	PLURAL
	Uno (One)	2 ó más (two or more)
CERCA (CLOSE)	**This** = *Este, esto*	**These** = *Estos*
LEJOS (FAR)	**That** = *Ese, eso*	**Those** = *Esos*

Para algo cercano:

Tenemos que analizar el problema basados en <u>esto</u>.
We have to analyze the problem based on <u>this</u>.

<u>Este</u> es el mejor regalo que haya recibido jamás.
<u>This</u> is the best gift I´d ever received.

¿Es <u>esto</u> todo lo que tienes que decir?
Is <u>this</u> all you have to say?

En lo único que podia pensar fue <u>esto</u>.
All I could think of was <u>this(*)</u>.

(*) [Traducción no literal]

Para algo lejano:

<u>Eso</u> es lo menos que podías hacer.
<u>That</u>'s the least you could do.

"La única comida que pude conseguir fue <u>eso</u>", dijo él.
"The only food I could get was <u>that</u>", he said.

¡Y <u>eso</u> es todo!
And <u>that</u>´s it!

Existen en español expresiones en las cuales se utiliza la palabra **"así"** y que en inglés se expresan por medio de **"that"**:

Así nomás.
> **Just like that.**
> *(Justo como eso / Justo así / Así nomás)*

Ojalá y pudiera ser así de bueno.
> **I wish I could be that good(*).**
> (*) [Traducción no literal]

> **That** much = *Tanto así*
> (So much = *Tanto*)

Para cosas o personas cercanas:

Estos son los nombres de los sobrevivientes.
> **These are the names of the survivors.**

Tendremos que enfocar nuestra investigación sobre estos datos.
> **We will have to focus our research upon these facts.**

Para cosas o personas lejanas:

Esos fueron sus ancestros.
> **Those were their ancestors.**

Primero tendrás que tomar en cuenta todas esas cosas que te he estado diciendo.
> **First you will have to take into account all those things I´ve been telling you about.**

COMPARATIVOS

(+)	(=)	(-)
THE MOST (lo máximo)	AS…. AS (tan…..como)	LESS… THAN (menos…..que)
THE GREATEST THE BEST Terminación "EST"		THE LEAST (lo menos)
MORE… THAN (más que) Terminación "ER"		THE WORST (lo peor)

Existen tres niveles de comparación, los cuales se aplican a los conceptos de *calidad* y de *cantidad*:
- el nivel de *igualdad*, en donde los conceptos a comparar son **"tan / como"**, o sea que no son ni *más que* o ni *menos que* (calidad), o bien, ni *mayores que* o ni *menores que* (cantidad).
- el nivel *medio*, en donde se tiene una diferencia, ya sea *mayor* o *menor*, entre los conceptos en comparación.
- el nivel de *máximos* y *mínimos*, es decir, en donde se maneja "lo máximo" de algo o "lo mínimo" de algo (cantidad) y "lo mejor", "el mejor" o "lo peor" de algo (calidad).

Nivel de igualdad

En este rango se maneja el concepto **tan – como** y que en inglés equivale a decir:

as – (de lo que se trate) -- as

Ejemplos:
- Esta casa no es **tan** grande **como** la que teníamos.
  *This house isn't **as** large **as** the one we used to have.*

- **Tan** bueno uno **como** el otro.
  ***As** good one **as** the other.*

217

- Uno **tan** bueno **como** el otro.
  One __as__ good __as__ the other.

Nota:

Entre "tan" y "como" puede existir toda una serie de palabras; lo que importa es no olvidarse de completar la expresión con el "como", ya que es lo que da el sentido de comparación.

Por ejemplo:

Pilotear un avión es algo <u>tan</u> sencillo (aunque (aún cuando) se pueda pensar que debiera ser todo lo contrario) <u>como</u> manejar un coche.

(To fly a plane is something <u>as</u> easy (even when it can be thought that it should be all the contrary) <u>as</u> driving a car).

Nivel medio

El concepto a manejar en este rango es el de **más – que** o **menos – que**, refiriéndose a *cantidad* de algo, y **mejor – que** hablando de *calidad*.

Existen dos formas de manejarlo:

En función de *cantidad*
- para palabras largas se utiliza **more – than** o **less – than**.
- Para palabras cortas se aumenta **"er"** al adjetivo.

En función de *calidad*.
- se utiliza **better – than** o **less – than**.

Ejemplos:

(Palabras largas):
- Tú eres **más** inteligente **que** el resto.
  You are __more__ intelligent __than__ the rest.
  (Aunque no sea una palabra larga, también se aplica la regla con:)
- Tú eres **más** lista **que** Mary.
  You are __more__ clever __than__ Mary.

218

- Este libro de matemáticas está **más** complicado **que** el del curso anterior.
  *This math´ book is **more** complicated **than** the one in the previous course.*

(Palabras cortas):
- Tu casa es **más** grande **que** la mía.
  *Your house is **biggER** than mine.*

- Para mí, aprender inglés es **mucho más** fácil **que** aprender chino.
  *To me, learning English is **much easier** than learning Chineese.*

(**Más** chico **que** / **Más** pequeño **que**)
  ***SmallER than**.*

- La tierra es **más chica** que Neptuno.
  The earth is **smaller than** Neptune.

- Una hormiga es **más pequeña** que un grillo.
  *An ant is **smaller than** a cricket.*

- Esta dieta contiene **menos** proteínas **que** la anterior.
  *This diet contains **less** proteins **than** the one before*

- Me siento **menos** cansado **que** ayer.
  *I´m feeling **less** tired **than** yesterday.*

Nivel de máximos y mínimos

En este caso se manejan dos formas de referirse a lo mismo: *lo máximo* y lo *más*, o bien, *lo mínimo* o lo *menos* de algo.

En el caso de **"lo máximo"** se utiliza **"The MOST"** o **"The BEST"** y para **"lo mínimo"** o **"lo menos"** se utiliza **"The LEAST"**, o **"The WORST"**.

Para el caso de **"el más"**, **"lo más"** o **"la más"** se utiliza la terminación **"EST"**.

Ejemplos:

- El estudiante **más** inteligente de nuestra clase tendrá **la más** alta calificación del examen.
  *The **most** intelligent student in our class will have the **highest** notes in the exam.*

- Es la chica más bella que he visto jamás.
  *She is **the most** beautiful girl I've ever seen.*

- Este grupo es **lo máximo**.
  *This group is **the most***

- Esta es mi **mejor** suposición.
  *This is my **best** guess.*

- Mi hermana es la **más chica** de la familia.
  *My sister is the **youngest** in the family.*

- Esta pantalla es la **más pequeña** disponible en el mercado.
  *This screen is the **smallest** available in the market.*

- **Lo menos** que puedes hacer es...
  ***The least** you can do is...*

- La forma **menos** conveniente de manejar es estando / al estar borracho.
  *The **least** convenient way to drive is when being drunk.*

- Lo **peor** que pudiste hacer fue...
  *The **worst** you could do was...*

Aunque no pertenecen a los comparativos propiamente dichos, en cierta forma se podrían considerar como consecuencia de una comparación, por lo que es importante tener en cuenta el significado de las siguientes palabras:

Enough .- *Suficiente*

Too .- *Demasiado* (aquello que va más allá de lo permitido)

220

Lo contrario de **Great** (*grandioso, maravilloso, también definido por la expresión* **Terrific**) es **Terrible** (*Terrible*).

Para decir *muy lejos* se dice **FAR AWAY**, y no "Very Far"

Para decir *MUCHO MUY LEJOS* se utiliza **VERY FAR AWAY**

Por último, estas expresiones, aunque tengan la palabra "**tan**" no son comparativos:

> **Tan solo** .- *just*

> **Tan poco** .- *so few*

SO

SO (Tan) :

> **The weather there is _so_ bad that all flights have been canceled.**
> El clima allá está _tan_ malo que todos los vuelos han sido cancelados.

> **He was _so_ brilliant.**
> Él era _tan_ brillante.

> **The ice was _so_ thin that it couldn´t resist such a weight.**
> El hielo estaba _tan_ delgado que el hielo no pudo resistir un peso tal.

> **So much .-** _tanto_

SO (De modo que / De manera que / Así que) :

> **I´ve nothing else to say, _so_, if you don´t mind, I´m leaving.**
> No tengo nada más que decir, _así que_, si no les importa, yo me retiro.

> **_So_, what you´re saying is that you didn´t have anything to do with it.**
> _De modo que_, lo que estás diciendo es que no tuviste nada que ver con eso.

SO (¿…es eso? / ¿Es así?) :

> **You want me to believe that´s the true. Is that so?**
> Quieres que crea que esa es la verdad. ¿Es eso? / ¿Es así?

SO (Por así decirlo) :

> **This new rules will be, _so to say_, our own ten commandments.**
> Estas nuevas reglas serán, por así decirlo, nuestros propios diez mandamientos.

Esta palabra también se utiliza combinada con otra y cuyo significado es el siguiente:

AND SO ON (...y así sucesivamente**)**

> **First you take one; then you take the double, that´s two. Then you take the double again: four. Then the double again: eight, <u>and so on</u>.**
>
> Primero tomas uno; después tomas el doble, es decir: dos. Después tomas el doble otra vez: cuatro. Después el doble otra vez: ocho, <u>y así sucesivamente</u>.

SO SO (Más o menos**)**

> **How are you getting along?**
> <u>**So so.**</u>
> ¿Cómo la estás pasando?
> <u>Más o menos</u>.

SEGUNDA PARTE - Preposiciones

PREPOSICIONES

TO, FROM, IN, AT, FOR, ON, OVER, INTO.

TO.-   (A, HACIA). Indica un destino en la acción, ir a hacer algo, ir hacia algún lugar.

I wish to have enough money to help people
(Deseo tener suficiente dinero para ayudar a la gente).
El deseo está enfocado a tener suficiente dinero, es el "destino" que tiene el deseo (además de estar formando el infinitivo del verbo). En igual forma está destinado hacia la ayuda a la gente(*).
(People es plural: Gente)

En forma similar se podría decir:
I wish I had enough money... *(Ojalá y tuviera, ojalá tuviera...)*

I´m going to Acapulco next week
Voy a Acapulco la semana entrante
(La dirección hacia donde se va a ir es Acapulco)

If you go to my house I will lend you the book
(Si vas a mi casa te prestaré el libro)
El destino es "mi casa", la acción de ir es "hacia mi casa".

Nota: *"To" en la formación de un INFINITIVO:*
*En la formación de un infinitivo, la característica es el "To" antes del verbo. El motivo de anteponerlo a la acción es el de indicar que se va a hacer una referencia **dirigida hacia** la acción o **hecho** indicado a continuación. Por ejemplo, para* comer, *se está indicando que lo que se va a decir estará enfocado **hacia** la acción de "comer": **"To eat"**. En igual forma, en el caso de **"To say"**, el "To" indica que se estará haciendo una referencia dirigida hacia la acción de **decir**; para* **ser**, *"hacia el hecho de ser": **"To be"**, etc.*

FROM.- (DE). Indica procedencia (es lo contrario a TO)

> **He just arrived from work.**
> *(Acaba de llegar del trabajo)*
> JUST (justo) indica que la acción de llegar (arrive) acaba de suceder. Arrived significa llegó, o sea, "él justo llegó" = acaba de llegar.
>
> FROM indica de dónde viene, es decir, la procedencia (proveniente de, por parte de).
>
> Cuando se pregunta ¿ De donde eres ? se desea saber cual es la procedencia de la persona, de dónde viene.
>
> | | |
> |---|---|
> | **Where are you from ?** | *¿ De donde eres ?* |
> | **I am from Chihuahua** | *Soy de Chihuahua* |
> | **Are you from Chiapas ?** | *¿ Eres de Chiapas ?* |

Nota:

> Si no se pusiera el FROM (la procedencia, el *de dónde*), la misma pregunta significaría *¿ en dónde estas ?* (**Where are you?**)
> **From the deep of my heart** *Del fondo de mi corazón*
> *Desde el fondo de mi corazón*

IN.- (EN) Indica "dentro de" algo.

> **My brother worked in that place**
> *Mi hermano trabajó en ese lugar (dentro de ese lugar)*
> Su sentido es general, sin referirse a un lugar específico.
>
> **She is now in the airport terminal.**
> *Ella está ahora en la terminal del aeropuerto.*
> (No se indica el lugar preciso dentro de la terminal)

INSIDE.- (ADENTRO)

> **Because it was raining, I waited inside my car**
> *Como estaba lloviendo, me esperé adentro de mi coche.*

AT.- (EN) Indica un lugar específico.

226

She is now in the airport terminal <u>at</u> the Aeromexico offices
Ella está ahora en la terminal del aeropuerto <u>en</u> las oficinas de Aeroméxico.

FOR.-   (PARA)

He works in Toluca, at the Palace of Goverment, directly <u>for</u> the Governor.
El trabaja en Toluca, en el Palacio de Gobierno, directamente <u>para</u> el gobernador.

<u>Nota.-</u>

FOR también se utiliza en lugar de BECAUSE (porque), con un sentido de "**YA QUE...**"

Please let me know if this would be a problem, <u>for</u> I am sure we can work out something else.
Por favor déjame saber si esto sería un problema, <u>ya que</u> estoy seguro que podemos sacar / salir con / pensar en algo más.

ON.-   (EN o ENCIMA).-Indica la posición "encima de" algo.

The papers you need are <u>on</u> the desk.
Los papeles que necesitas están <u>en</u> (encima) del escritorio.
(Si se pusiera *in the desk*, se estaría diciendo que los papeles se encuentran *dentro del material* del que está hecho el escritorio).

OVER.-   (SOBRE).- No solo indica la posición "sobre algo más", sino también el concepto de tocar un tema, o referirse a él repetidamente.

The judge went <u>over</u> and <u>over</u> the same subjet.
El juez fué <u>una y otra vez</u> sobre lo mismo (sobre el mismo tema).

The T. V. is placed <u>over</u> the table.
La televisión está puesta <u>sobre</u> la mesa

<u>Nota.-</u>   **Over all.-** *Por encima de todo*
(*Sobretodo* se dice "**Most of all**")

227

INTO.- (HACIA DENTRO). Es la combinación de los 2 conceptos: IN (Dentro de) y TO (Hacia).

You´re going to get <u>into</u> deep trouble.
Te vas a <u>meter en</u> fuertes problemas

Deep.- Fuertes, graves, profundos
You´re going to get.- Vas a conseguir. Aunque la traducción difiera, la expresión que se usa es la que corresponde al significado señalado de *vas a meterte*, *te vas a meter*.

IMPERATIVOS

Por lo general, el concepto de imperativo (¡ !) se relaciona con una orden, pero también significa que tiene aplicación en sugerencias o indicaciones informales.

Ejemplo:

Sugerencia.   **Take an aspirin**   *(Tómate una aspirina)*

Es por su forma un imperativo, aunque en el uso común está lejos de ser una orden.

Indicación.-   **Turn right**   *(Da vuelta a la derecha.)*

                 Take it or leave it *(Tómalo o déjalo)*

También es un imperativo y tampoco es una orden, se está otorgando una opción.

Orden.-   **Get out of here !**   *(¡ Sal de aquí !)*
Imperativo que sí es una orden.

Como se ve, en el uso diario y común se utilizan los imperativos mucho más frecuentemente de lo que imaginamos o de lo que nos percatamos.

FORMACION DE UN IMPERATIVO

1.- Para poner un verbo en imperativo simplemente se toma el verbo en infinitivo y se le quita el TO.

To have (infinitivo) ------- Have (imperativo)

Have a seat   *(Siéntate.)*

2.- Nunca se utiliza el pronombre personal antes del verbo, es decir, la persona a quien se está dirigiendo:

You take an aspirin.-   (es **incorrecto**)
Take an aspirin.-   (es correcto)

229

La forma imperativa es utilizada al dar instrucciones a alguien (por ej. al dar una dirección), en donde es necesaria la utilización de *palabras de enlace*, o sea, palabras que dan continuidad a una serie de acciones como, por ejemplo:

First	(primero / para empezar)
Then	(luego)
When	(cuando)
After that	(después de eso)
When you get	(cuando llegues a…)
Finally	(finalmente)

Por ejemplo:

When you leave the building, turn left, walk two blocks, then turn left again; when you get to an avenue turn right; after that, continue for around three more blocks (you´ll see a VIPS restaurant in the corner). Finally, turn right and walk half a block. In front of you, you´ll find the travel agency. Can´t miss it! Watch out when crossing the street .

Cuando salgas del edificio, da vuelta a la izquierda, camina dos cuadras, luego da vuelta a la izquierda otra vez; cuando llegues a una avenida da vuelta a la derecha; después de eso, continúa por una 3 cuadras más, (verás un restaurant VIPS en la esquina). Finalmente, da vuelta a la derecha y camina media cuadra. Enfrente de tí encontrarás la agencia de viajes. ¡No la puedes perder !, Cuidado cuando cruces (o al cruzar) la calle.

Observaciones:
1.- Nótese que "when" (palabra del grupo de las **"Wh"**) queda fuera (antes) del orden básico gramatical Sujeto – Verbo – Complemento.
2.- When you leave.- *cuando te vayas.*
   When you leave the building.- *cuando salgas* (dejes) *del edificio.*
3.- Continue for.- *continúa por…*
   Continue for around.- *continúa por unas…, o continúa por…*
   Three blocks.- *tres cuadras.*
   Three more blocks.- *Tres cuadras más.*

Nótese que el more no se pone después del sustantivo blocks (de lo que se está hablando). La razón es que todo aquello que especifica o califica a lo que se está refiriendo va <u>antes</u>; dicho gramaticalmente: "Los adjetivos se colocan antes del sustantivo".

<u>Ejemplo:</u>

You have a dress   *Tienes un vestido.*
                                               (De lo que se está hablando es del vestido)

You have a pretty dress   *Tienes un bonito vestido*
You have a pretty long dress   *Tienes un bonito vestido largo*
You have a pretty new long dress. *Tienes un bonito vestido largo nuevo.*

En todos los casos, los adjetivos se fueron poniendo antes del sustantivo, y éste (dress) siempre fue quedando al final.

4.- **You´ll see.**- Contracción de YOU WILL SEE.

5.- **Walk half a block.**- *camina media cuadra.* (en inglés se dice: camina mitad una cuadra).

6.- **Can´t miss it.**-Aunque parezca un imperativo, no lo es; se trata de una expresión en la cual el pronombre personal se sobreentiende. Se utiliza en una plática muy informal, con mucha confianza. La forma correcta sería: **<u>You</u> can´t miss it.**

El "IT" es el pronombre impersonal usado para no repetir algo que ya se sabe de qué se trata, es el "LO" en español. (No puedes perder<u>lo</u>)

7.- **When crossing.**- *Al cruzar.* En inglés se refieren a la acción en proceso con CUANDO (*cuando estés cruzando*).

El "CROSSING" no se refiere al gerundio (ando, endo) de cruzar. Lo que sucede es que **cuando se hace referencia al concepto en general de una acción se utiliza la terminación ING.**

Por ejemplo:

  (*Natación* .- **Swimming** / *Nadar* .- **To swim**)

  ¿Te gusta nadar ?   **Do you like swimming ?**

En este caso, en realidad se está refiriendo al <u>concepto de nadar</u>, o sea, a la *natación*.

Para el caso de:

¿ Te gusta nadar en el mar ?   **Do you like *to swim* in the sea ?**

la acción de nadar ya no fue en general, sino en una forma específica, en el mar.

(El uso de la terminación ING en lugar del infinitivo lo veremos más a fondo a continuación).

TERMINACIÓN "ING"
EN LUGAR DEL INFINITIVO

Si se quisiera preguntar: ¿Te gusta ir de compras?, o sea, ¿Te gusta ir a comprar? la traducción al inglés, literalmente, vendría siendo:

Do you like to go to shop?   <u>INCORRECTO</u> (to shop.- infinitivo del verbo comprar).

La forma correcta es la siguiente:

Do you like to go shopping ?

La razón de esto es que la terminación ING se utiliza para referirse a <u>conceptos en general.</u>

Cuando se está refiriendo a una acción en particular se utiliza el verbo en infinitivo.

Do you like shopping ?	*¿Te gustan las compras ?*
Do you like <u>to go</u> shopping ?	*¿Te gusta <u>ir</u> de compras ?*
Do you like <u>to shop</u> in public markets ?	*¿Te gusta <u>comprar</u> en mercados públicos ?* (Ya no se trata del concepto general de comprar, sino de la acción específica de comprar en un lugar en especial.)

Así por ejemplo:

<u>Para referirse al hecho de:</u>   <u>Se utiliza:</u>

Manejar	Driving
Jugar (tennis)	Playing (tennis)
Ver aparadores	Window shopping
Matar el tiempo	Killing time
Viajar	Traveling
Navegar en el mar	Sailing
Tomar	Drinking
Viajar en avión	Flying

Fumar	Smoking
Tomar riesgo o jugársela	Taking chances.
Etc.	

Nótese que el uso de la terminación "ING" rompe con la regla de poner "TO" después del verbo "LIKE", (you like to…). La razón de esta regla es que el verbo que sigue va en infinitivo. You like <u>to dream</u>. Te gusta <u>soñar</u>; pero al utilizar el verbo con una terminación "ING" ya no se tiene la forma de infinitivo. (No se podría poner: "You like to swimming", aunque en español se dijera "Te gusta nadar").

Esto queda más claro si en lugar de "nadar" se utilizara "la natación", lo cual es el concepto general y no el específico (representado mediante un verbo en infinitivo):

Te gusta la natación   **(You like swimming).**

WHICH, WHOM, WHOSE

Se pueden utilizar solos o acompañados con *To, From, One* o *Ones* :

	Solo	*To*	*From*	*One(s)*
WHICH	X	X	X	X
WHOM	X	X	X	
WHOSE	X			

WHICH	.- cuál, cuáles, el cual, la cual, los cuales, las cuales
To Which	.- al cual, a la cual, a los cuales, a las cuales
From which	.- de cual, del cual, de los cuales, de las cuales
Which one	.- cuál
Which ones	.- cuáles
To which one	.- a cuál
From which one	.- de cuál
To which ones	.- a cuáles
From which ones	.- de cuáles

EJEMPLOS

Which section of the theatre do you prefer the most?
(¿Cuál sección del teatro prefieres más?)
(The most .- *La más*)

Those of you to which my words might sound as a personal matter, ...
(Aquellos de ustedes a los cuales mis palabras pudieran sonar como un asunto personal, ...)

Among the different kind of stars whose light is produced by nuclear activity on the surface, there are three that don´t fit with the rest. Which are they?
(De entre las diferentes clases de estrellas cuya luz es producida por actividad nuclear en la superficie, hay tres que no encajan / concuerdan con el resto. ¿Cuáles son (ellas)?)

Between these alternatives, which ones do you consider to be more convenient for us?
(De entre estas alternativas, ¿cuáles consideran ser más convenientes para nosotros?)

Which one **of you would like to pass to the front and give an example of this?**
(¿Quien de ustedes gustaría pasar al frente y dar un ejemplo de esto?)
o bien:(¿A quién / A cuál de ustedes le gustaría pasar… ?)

The Hawaiian beaches, *which* are considered as …
(Las playas hawaiianas, las cuales están consideradas como …)

The Astrodome, *which* is considered to be the biggest covered stadium in the world, is located in Texas.
(El Astrodom, el cual está considerado ser el estadio cubierto más grande del mundo, está localizado en Texas.)

From which **part of the city are you?**
(¿De cual parte de la ciudad eres?)

WHOM	.- quien, quienes
To Whom	.- a quien, a quienes
From whom	.- de quien, de quienes

Them, *to whom* I′ve already given this course, …
(Ellos, a quienes ya he dado este curso, …)

To whom **it may concern**
(A quien pueda corresponder / A quien corresponda)

I want to thank all the participants, *from whom* I received all kind of cooperation, as well as …
(Deseo agradecer a los participantes, *de quienes* recibí toda clase de cooperación, así como …)

Whom **are they?**
(¿Quiénes / cuáles son (ellos)?)

Nota:
No confundirse con: **Who are they?** (¿Quienes son ellos?) ya que en este caso se hace referencia a un desconocimiento general de las personas de que se trate.

236

En el caso de **Whom** se está haciendo referencia a un grupo conocido de personas o cosas de entre varias más. (En español se utilizaría la expresión: *¿Cuáles son?*)

P. ej.:
Suponiendo que se está pidiendo a alguien que identifique a sus compañeros de clase de entre un grupo de muchachos en una reunión, se le preguntaría: *¿Cuáles son?* (¿Quienes son sus compañeros de entre los demás? o más correctamente: *¿Cuáles* son sus compañeros de entre los demás?), pero si en la pregunta se hace mención a *los compañeros* (*¿Quiénes?*) entonces ya no se puede utilizar *whom* sino *who*, ya que el primero (whom) se utiliza en forma de pronombre.

Who are your classmates? .- CORRECTO
(*¿Quienes son tus compañeros de clase?*)

Whom are your classmates? .- INCORRECTO

WHOSE.- cuyo, cuya, cuyos, cuyas, de quien, de quienes

(Repitiendo el tercer ejemplo):
Among the different kind of stars *whose* light is produced by nuclear activity on the surface, there are three that don´t fit with the rest. Which are they?
(De entre las diferentes clases de estrellas cuya luz es producida por actividad nuclear en la superficie, hay tres que no encajan / concuerdan con el resto. ¿Cuáles son (ellas)?)

***Whose* briefcase is this?**
(*¿De quién es este portafolio?*)

This dog, *whose* owners should be more carefull with what he does, has just destroyed the flowers in my garden
(Este perro, cuyos dueños deberían ser más cuidadosos con lo que hace, acaba de destruir las flores en mi jardín)

LIKE, LIKE TO, LOOK, LOOK FOR, LOOK ALIKE

LIKE.- Significa AGRADAR (verbo) o COMO (sustantivo).

It was something like out of this world
Era algo como fuera de este mundo.
He likes tender women
Le agradan las mujeres tiernas
I'll have something sweet like candies or peach pie.
Tomaré algo dulce como caramelos o pie de duraznos.
It was like dreaming
Era como estar soñando, o, era como soñar.

LIKE TO.- Significa GUSTAR, HACER ALGO. Ese "algo" es una acción, es decir, un verbo siempre en infinitivo.(un verbo que tiene "TO" antes).

We like to go dancing each saturday night.
Nos gusta ir a bailar cada sábado en la noche
(O bien, nos gusta ir a bailar todos los sábados en la noche).

LOOK.- Significa MIRAR (to look) y sin poner el "TO" antes es la forma imperativa o bien, una "mirada" (*a look).*

Look at the stars   *Mira la estrellas*
I would like to take a look   *Me gustaría echar una mirada.*
If you look closer   *Si miran más cerca.*

LOOK FOR.- Significa BUSCAR.

You better look for a cab   *Mejor buscas un taxi*

LOOK ALIKE.-Significa PARECERSE

You two look alike
Ustedes dos se parecen

You two really look alike. Aren't you twins, by any chances ?
Ustedes dos realmente se parecen, ¿No son gemelos, por casualidad?

239

VERBOS QUE CONTINUAN CON "TO"

En forma similar a GOING TO, existen otros verbos que al ir relacionados con un segundo verbo, éste último se expresa en infinitivo, es decir, en su forma VERBO + TO:

BE ABLE TO   Poder hacer algo   (Ver futuro del verbo "CAN")
WANT TO (*)   Querer o desear algo   **I want to be with you**(*Deseo estar contigo*)
NEED TO   Necesitar   **We need to know the true** (*Necesitamos conocer la verdad*)

Nótese que estos verbos <u>están relacionados a otro verbo</u>; si no es así, entonces no se necesita poner el "TO", ya que no se está formando el infinitivo del siguiente verbo.

I want a cup of coffee   (*)   *Deseo una taza de café*
I need a new pair of shoes   *Necesito un nuevo par de zapatos.*
      | |
(no son un verbo)

(*) *Want* y *Want to* **no tienen forma de Tiempo Continuo (***wanting* o *wanting to***)**

Otros verbos que van antes de un verbo en infinitivo son:

Like, Would like *Gustar, desear*
Begin   *Comenzar, empezar*
Intend   *Pretender*
Continue   *Continuar*
Remember   *Recordar*
Try   *Intentar*; (También significa *Probar* (algún alimento, por ej.), pero con ese significado no lleva TO después porque no continuaría un verbo).
Get (to know)   *Llegar (a conocer)*
Get used to   *Acostumbrarse a*

ASK TO.-   (*Pedir o petición de hacer algo*).

Cuando se le pide algo a alguien se utiliza esta forma *pero indicando entre* "ASK" *y* "TO" a quien se está dirigiendo la petición, la cual (la acción a desarrollarse) queda como verbo en infinitivo.

ASK	?	TO	VERBO DE LA ACCION

I will   **ask** him   **to**   **call me tomorrow**
Le pediré   *(a él)*   *que*   *me llame mañana*
(call me = llamar a mí, en la forma de hablar en inglés)

The teacher asked me to stay overtime
El maestro me pidió que me quedara tiempo extra.

Como se ve, el verbo ASK TO se aplica en cualquier tiempo:

By tomorrow morning, I'll have asked my parents to lend me the car
Para mañana en la mañana, les habré pedido a mis padres que me presten el coche.

Cuando alguien ha recibido la petición de hacer algo, se puede decir que ha sido "PEDIDO (SOLICITADO) a hacer algo", por lo que en inglés se dice:

I was asked to stay *(Forma PASIVA)*
Se me pidió que me quedara, o bien, Fuí pedido a / fui solicitado para quedarme.

Si la petición que se hace no es para llevar a cabo algo (otra acción o verbo de acción), sino para PEDIR ALGO (un objeto o situación) entonces en lugar de ASK TO se utiliza **ASK FOR**:

She is asking me for comprehension
Ella me está pidiendo comprensión,

lo cual es diferente a pedir otra acción:

She is asking me to understand her
Ella me está pidiendo que la entienda (que la comprenda a ella)

Ask the waitress for *some* more coffee, please
Pídele a la mesera más café, por favor. (En inglés se dice *algo* *más de café*)

La otra diferencia con GOING TO es que estos verbos no se aplican en la forma de tiempos continuos, sino en tiempos simples.

Presente.-	**You need to talk with him**	*Necesitas hablar con él*
Pasado.-	**They wanted to break the dishes**	*Quisieron romper los platos*
Futuro.-	**He will need to phone you as soon as he arrives**	*El tendrá que* *llamarte* *en cuanto llegue.*
		Llamarte.- aunque en español no parezca estar en infinitivo,
		sí lo ponemos en la estructura del inglés quedaría así:
		Llam<u>ar</u> a ti = Llamar-te

ASK, ASK TO, ASK FOR

TO ASK.-   **Preguntar**.

Si después de ASK se pone un pronombre o un nombre, se indica a quien se está dirigiendo la pregunta.

> **I would like to <u>ask the audience</u>...**
> *Me gustaría preguntarle <u>a la audiencia</u>...*

Después de indicar a quien se dirige la pregunta, NO puede continuar ni FOR ni TO, sino un comentario sobre algo.

> **Ask <u>her</u> if she knows who called me.**
> *Pregúntale <u>a ella</u> si sabe quien me llamó.*

> **I will ask two things.**
> *Preguntaré dos cosas.*

ASK TO.-   **Pedir, hacer algo**.

Entre ASK y TO puede haber o no haber un pronombre o un nombre, pero después de TO tiene que haber un verbo (en infinitivo).

> **In the banquet, I was asked to pronounce a speech.**
> *En el banquete, me pidieron que pronunciara un discurso.*
> **(I was asked to.-** *Fuí pedido a / fuí solicitado para / me pidieron que).*

> **Ask them to stay still.-** *Pídeles que se estén quietos.*

> **He will ask Paty to go dancing.-** *(El) Le va a pedir a Paty ir / que vayan / a bailar.*

ASK FOR.- **Pedir algo**.

Entre ASK y FOR puede o no haber un nombre o un pronombre, pero NO puede haber un verbo después de FOR.

> **Ask him for money.**
> *Pídele (a él) dinero.*

Ask for more information about this.
Pide más información acerca de esto.

I asked the teacher for my notes.
Le pedí al maestro mis calificaciones.

I was asked for my opinion on the subjet.
Me pidieron / fui pedido / mi opinión sobre el asunto.

The police officer asked me for a bribe.
El policía me pidió una "mordida".

I will ask for a salary increase next month.
Voy a pedir / pediré / un aumento (de salario) el mes que entra / el mes entrante.

When you get to the lobby, ask for the manager.
Cuando llegues al lobby, pregunta por el gerente.

Nota: **Get**.- *alcanzar, llegar a*.- son 2 significados muy utilizados. (Se puede considerar que son complemento de su significado "conseguir": *conseguir alcanzar, conseguir llegar a*).

Ask for.- *pedir*. La traducción sería "pide por el gerente", que es una manera válida para indicar lo que usualmente se utiliza más: *"pregunta por"*.

GET USED TO / BE USED TO / USE TO

GET USED TO.- Significa **ACOSTRUMBRARSE A**.

El verbo TO GET tiene muchas y diferentes aplicaciones. Aunque su significado es OBTENER se utiliza en lugar de HAVE TO (tener que) en su tiempo pasado perfecto.

You have /	**You´ve got to be kidding**	*Debes estar bromeando*
You´ve /	**You have to be kidding**	*Tienes que estar bromeando*

Sin embargo, en el sentido de "acostumbrarse a", se utiliza en cualquier tiempo y forma gramatical.

He was getting used to her   *El se estaba acostumbrando a ella.*
She will get used to her new life   *Ella se acostumbrará a su nueva vida.*

I couldn´t get used to so much traveling.
No me pude acostumbrar a tanto viajar (a tanto viaje).
(Si se dijera: **...to traveling so much** significaría: ...a viajar tanto).

Do you think you would get used to be in prison ?
¿Crees (piensas) que te acostumbrarías a estar en prisión?

He won´t get used to live in poberty.
El no se acostumbrará a vivir en la pobreza.

They would get used to this situation if...
Se acostumbrarían a esta situación si...

El verbo que siga a GET USED TO siempre irá en infinitivo, por eso se pone el "TO", aunque no necesariamente tiene que continuar con un verbo:

When will I get used to these new shoes ?
¿Cuándo me acostumbraré a estos zapatos nuevos ?

BE USED TO.- Significa **ESTAR ACOSTUMBRADO A** y se puede utilizar en cualquier tiempo y forma gramaticales del verbo TO BE.

He <u>was used to</u> her jokes
El estaba acostumbrado a sus chistes (de ella).

I"m <u>not used to</u> stay awake so late.
No estoy acostumbrado a estar despierto tan tarde.

1.- Could you <u>be used to</u> work in a noisy place ?
¿ Podrías estar acostumbrado a trabajar en un lugar ruidoso ?
<u>Nota.</u>- Si se pone "Could you GET USED TO..." significaría ¿Podrías acostumbrarte a...?

2.- Do you think you could <u>be used to</u> work in a noisy place ?
¿ Crees que podrías estar acostumbrado a trabajar en un lugar ruidoso ?

Nótese la diferente posición de COULD y el pronombre personal.
En la primera:
COULD YOU está en la posición de pregunta y en la segunda no (you could).
La razón es que en la segunda la posición de pregunta se tiene en el auxiliar TO DO (Do you?), y en una misma oración no se puede repetir el mismo concepto o forma gramatical (se tendrían 2 preguntas).

<u>USED TO.</u>- Significa **ACOSTUMBRAR HACER** o **SOLER HACER**. Son el presente y el pasado los únicos tiempos que se pueden aplicar.

I <u>use to</u> check twice what I have to sign.
Suelo / acostumbro verificar dos veces lo que tengo que firmar.

In World War I, pilots <u>used to</u> be the Gentlemen of the Air.
En la primera guerra mundial, los pilotos solían ser los Caballeros del Aire.

Palabras CONTABLES y NO CONTABLES

La identificación correcta de la forma en que un elemento se pueda o no contar es de suma importancia ya que de ello depende la utilización de conceptos como:

SOME, ANY, FEW, LITTLE, A FEW, A LITTLE, A LOT, LOTS OF, MANY, MUCH, TOO MANY, TOO MUCH, HOW MANY, HOW MUCH.

Elementos CONTABLES (Count Nouns):

Se refieren a elementos que pueden ser contados o enumerados (un huevo, una fruta, una taza de café, un chocolate, una hamburguesa, un par de huevos, cuatro tiras de tocino, un trozo de carne, un filete, un sandwich, un taco, una torta, diez tacos, etc.)

Elementos No CONTABLES (Non-count Nouns):

No es posible contarlos o enumerarlos. El café es *no contable* porque no se podría determinar a cuántos granos de café se esté refiriendo. Situación similar se tiene con: el thé, el azúcar, la leche, la sal, el agua, el cereal, etc. También quedan incluidos los alimentos cuando se les refiere en forma general (el pollo, la carne, el jugo, la sopa, el helado, el pan, el jamón, el filete, etc.)

SOME

Cuando algo es susceptible de ser enumerado o cuantificado se convierte en un elemento *contable*: <u>un</u> pan de dulce, <u>una</u> pieza de pollo, <u>un</u> vaso con agua, etc. Cuando no se indica la cantidad deseada, entonces se le refiere como: "algo" de pan, "algo" de pollo, "algo" de agua. En inglés ese "algo" corresponde a "**SOME**" y se utiliza siempre que se trate de elementos *no contables*.

En el caso del pollo o del pescado, cuando se refiere al animal se trata de un elemento *contable* (3 pollos, 10 pescados) y cuando se refiere a lo mismo pero <u>como comida,</u> se trata de un elemento *no contable* (algo de pollo, algo de pescado).

ANY

Aunque su significado es *"cualquiera"*, *"cualquier"* o *"ningún"*, *"ninguno(a)"*, se utiliza en la misma forma que **"some"** pero para el caso de elementos *contables*:

¿Compraste algunas *naranjas?*   **Did you buy *any* oranges?**

Para el caso de *respuestas negativas* también se utiliza **"any"** en lo que sería en español el sentido de *"ninguno(a)"* o de *"nada / nada de..."*, utilizándose tanto para elementos *contables* como *no contables*:

¿Quieres algo de *café?*	**Do you want *some* coffee?**
Sí, me gustaría un poco (algo de...)	**Yes, I'd like *some***
No, no deseo nada de *café.*	**No, I don't want <u>*any*</u>.**

Cuando se trata de *plurales* o de elementos *no contables*, <u>SOME</u> y <u>ANY</u> se pueden dejar de usar:

*¿Quieres (*algo de*) salsa en tu bistec?*   **Do you want (*some*) sauce on your steak?**

se puede decir como:

¿Quieres salsa en tu bistec?   **Do you want sauce on your steak?**

Para uno de los ejemplos anteriores:

*¿Compraste (*algunas*) naranjas?*   **Did you buy (*any*) oranges?**

se puede decir como:

¿Compraste naranjas?   **Did you buy oranges?**

Existen dos formas de pedir algo: la *formal* y la *informal*, para lo cual se utilizan las expresiones:

<u>WANT y WOULD LIKE</u>, acompañadas de **<u>CAN y MAY</u>** .

<u>INFORMAL:</u>   *Quiero una sopa de verduras*
           I *want* a vegetables soup

¿Puedo tomar postre?
Can I have dessert?

FORMAL: *Quisiera un pedazo de pastel (Me gustaría un…)*
I'd like a piece of cake (I'd = I would)

¿Puedo comer un poco más?
May I have a little more?

Como se ve, cuando se pide algo en una manera *formal* se utiliza el **would** junto con **like**. Si no se utilizara *would*, el sentido cambiaría totalmente ya que en lugar de ser "me gustaría" se convertiría en "me gusta", es decir, se estaría refiriendo a algo que le gusta a la persona y no a lo que esté pidiendo.

En el ejemplo anterior:

I'd like a piece of cake.- *Me gustaría / Quisiera un pedazo de pastel*

cambia el sentido a:

I like a piece of cake.- *Me gusta un pedazo de pastel*

NO se utiliza el WOULD en el caso de una negación, o sea, cuando no se desea aceptar aquello que está siendo ofrecido, sin importar si se hizo en manera *formal o informal*.

¿Quisiera algo más de pastel?   **Would you like some more cake?**
No, no quiero / no deseo más   **No, I don't want any**

NO SE PUEDE CONTESTAR: NO, I *WOULDN'T LIKE* MORE

TAMPOCO SE PUEDE CONTESTAR: NO, I DON'T *WANT TO* pues el "**TO**" se refiere a una acción ya conocida y que no se quiere repetir (en este caso *querer* o *desear* el pedazo de pastel) y lo que se desea indicar es que no se desea *el pedazo de pastel* (es el equivalente al "*no quiero*" como respuesta a "*¿Quieres?*") y como no es válido dejar el **WANT** solo, se utiliza el **WANT ANY** con lo cual queda claro que se está haciendo referencia al objeto y no a la acción.

También se puede negar así:

No, gracias	**No, thanks / No, thank you**
No, a decir verdad ya no	**No, actually I don't**
No, no me siento con ganas	**No, I don't feel like to**

En el caso de contestar afirmativamente al ofrecimiento, se puede contestar en manera *formal* aunque la pregunta haya sido *informal*, como ya vimos, pero hay que tener cuidado cuando no se utiliza el **would**:

¿Quieres café?	**Do you want some coffee?**
Sí, me gustaría un poco	**Yes, I'd like some**
Sí, me gustaría	**Yes, I would**
Sí, quisiera un poco más, gracias	**Yes, I'd like some more, thanks**
Sí, quiero	**Yes, I do**

NO SE PUEDE CONTESTAR:	YES, I LIKE / **YES, I LIKE SOME**

pues se estaría diciendo:	*Sí,* me gusta
en lugar de:	*Sí,* quisiera

A FEW / A LITTLE

A few es el equivalente en español de "*unos cuantos*", "*unas cuantas*" y por ello se utiliza relacionado con elementos *contables*.

¿Cuántas cosas llevarás?	**How many things will you take?**
Estas son solo unas cuantas	**These are just** *a few*
¿Cuántos fusibles necesita?	**How many fuses do you need?**
Solo unos cuantos	**Just** *a few*
¿Cuántas veces has venido?	**How many times have you come?**
Unas cuantas *veces*	*A few* **times**
Muy pocas *veces antes*	*Very few* **times before**

A little corresponde a "*un poco*", "*una poca*", por lo que su uso va relacionado con elementos *no contables*.

¿Cuánto de jamón va a comprar?	**How much jam will you get?**
Solo necesito un poco.	**I only need** *a little.*

¿Cuánta crema le gustaría?	**How much cream would you like?**
Quiero solo un poco	**I just want** *a little*
Quiero **muy poco**	**I want** <u>*very*</u> *little*

¿Qué tanta azúcar quieres?	**How much sugar do you want?**
Una poca, por favor	*A little*, **please**
Solo un poco / *Solo* una poca	**Just** *a little*
Tan solo <u>**un poquito**</u>	**Just** *a* <u>*little bit*</u>

MANY / MUCH

La explicación más sencilla podría ser:

MANY.-   Cosas que se pueden contar, en plural.
            Many things.   *(Muchas cosas)*

MUCH.-   Cosas que no se pueden contar
            Much rain   *(Mucha lluvia)*

pero tratándose de algo tan utilizado y que significa "*mucho*", bien vale tratarlo más a fondo.

Cuando se desea determinar una cierta cantidad se recurre a preguntar, ya sea: "*¿Cuántos...?*" o bien: "*¿Cuánto de ...?*" o "*¿Cuánto...?*", dependiendo de si se trata de algo *contable* o *no contable* respectivamente.

En igual forma, como respuesta se tiene el "*Muchos*", "*Muchas*" o el "*Mucho (de algo)*", lo cual también corresponde respectivamente a algo *contable* o a algo *no contable*, aunque para estas expresiones se utilicen más frecuentemente el **"A lot of"** (*mucho, mucha, muchos, muchas,*), **"Lots of"** (*mucho de...*) o **"many / much"** precedidos de "**too**" (**too much** para indicar "**demasiado**", **too many** para indicar "**demasiados**") o de "**how**" (en preguntas).

CONTABLES:

¿Cuántos billetes de $50 quiere?
How many $50 bills do you want?

Muchas cosas han sucedido desde que veniste la última vez
Many things have happened since you last came (*)

253

¿Cuántas veces tengo que repetir esto?
How many times should I repeat this?
(También se puede decir: **How many times do I have to repeat this?**)

¿Cuántos chocolates te comiste?
How many chocolates did you eat?

A veces me pregunto: ¿cuántas equivocaciones he cometido? y la respuesta es: ¡Demasiadas!
Sometimes I wonder: How many mistakes have I made? and the answer is: Too many!

(*) .- También se podría decir: "…since the last time you came"; lo que NO se podría decir es: "…since you came *for* the last time" pues eso significaría: *"por última vez".*

NO CONTABLES:

¿Cuánto dinero tienes?
How much money do you have?

¡Cuánto puede sufrir el hombre!
How much man can suffer!

¿Cuánto puede sufrir el hombre?
How much can man suffer?

¿Cuánto se puede resistir? (¿Cuánto puede ser resistido?)
How much can it be resisted?

¡No mucho!
Not much!

¿Cuánta agua puede beber un camello?
How much water can a camel drink?

Nótese que el *"How much"* o *"How many"* no constituyen en sí la estructura gramatical de pregunta; ésta se hace conforme a la regla de inversión de posiciones entre el sujeto y el verbo auxiliar que le siga inmediatamente después.

MUCH y LITTLE, / MANY y FEW

Se utiliza **MUCH** y **LITTLE** con nombres incontables:

Much time	.-	*Mucho tiempo*
Much luck	.-	*Mucha suerte*
Little energy	.-	*Poca energía*
Little money	.-	*Poco dinero*

Se usa **MANY** y **FEW** con nombres plurales:

Many friends	.-	*Muchos amigos*
Many people	.-	*Mucha gente* (*)
Few cars	.-	*Pocos coches*
Few countries	.-	*Pocos paises*

(*) "Gente" es plural, ya que significa un *grupo o conjunto de personas*.

Se utiliza **LITTLE** y **FEW** (sin **A** antes) para ideas negativas:

Hurry up! We´ve got little time   *¡Apurate! Tenemos poco tiempo*
                                        (No mucho, no suficiente)

He´s not popular. He has few friends.   *No es popular. Tiene pocos amigos.*

Utilizamos **A LITTLE** y **A FEW** para expresar ideas más positivas:

Have you got any money ?, Yes, a little
¿ Tienes (o traes) algún dinero ?. Sí, un poco

I like it here. I have a few friends
Me agrada aquí. Tengo algunos amigos.

When did you see George ?. A few days ago.
¿ Cuando viste a Jorge ?. Hace algunos días.

Let´s have a drink. We have a little time.
Tomemos un trago. Tenemos algo de tiempo.

TANFACIL

A LOT OF, LOTS OF, PLENTY OF.

Se usan con palabras incontables o plurales.

Singular.- **A lot of** luck   *Mucha suerte. Un "montón" de suerte*
        A lot of people   *Mucha gente*

Plural.-   **Lots of** time   *Mucho tiempo. "Montones" de tiempo*
        Lots of books   *Muchos libros*

"Plenty.- significa bastante"

        Plenty of money *Bastante dinero*
        Plenty of ideas   *Bastantes ideas*

Por ejemplo:

Have some more to eat. No thank you, I´ve had plenty
(Toma algo más de comer / Come algo más . No gracias, he tenido bastante).

There is no need to hurry. We have plenty of time.
There´s no need to hurry. We´ve got plenty of time.
(No hay necesidad de apurarse. Tenemos bastante tiempo).

A LOT significa *MUCHO de algo* y equivale en español a la expresión *"un MONTON"*

That guy has a lot of money   *Ese tipo tiene un montón de dinero*
                                  (Ese tipo tiene mucho dinero)

ENOUGH significa *SUFICIENTE*. Para indicar: *MAS QUE SUFICIENTE* se dice *"**more than enough**"*. Generalmente **PLENTY** se utiliza acompañado de **"OF"** o de **"FOR"** dependiendo de aquello a lo que se esté haciendo mención, como por ejemplo:

There is plenty of food   *Hay suficiente comida*
There is plenty for the two of us *Hay suficiente para los dos*

Como se ve, la traducción literal sería:

Hay bastante comida
Hay bastante para los dos

lo cual tiene el mismo sentido que suficiente y que corresponde a la forma usual de expresar esa idea.
ENOUGH se utiliza más bien en expresiones del tipo:

¡Ha sido suficiente!	(*It´s been enough!*)
¡Suficiente!	(*That´s enough!*)

La expresión "Ya tuve suficiente" (en el sentido de "Ya me harté") corresponde en inglés a:

I just had it!

ONE / ONES

Cuando no se utiliza como número (one = Uno, no one = ninguno) se utiliza para señalar un objeto o persona entre muchos otros, o bien, un grupo de objetos o cosas entre varios.

Supongamos que se tienen en exhibición 6 perros:

a)   Para indicar que "me gusta ese" (uno en especial) se dice:

I like <u>that one</u>

Si se quisiera especificar más, indicando su posición (me gusta ese, el tercero de la izquierda), se dice:

I like <u>that one</u>, the third from the left.

b)   Supongamos que dos de los perros tuvieran una expresión más inteligente; para señalarlos se diría:

I like <u>those ones</u> (with the clever expresion)

Me gustan <u>esos</u> (con la expresión inteligente)

I like <u>the ones</u> with clever expresion

Me gustan <u>los de</u> expresión inteligente.

c)   O bien, si se quisiera hacer mención al del collar delgado, para referirse a él se diría:

I like the one with the thin collar
Me gusta el de collar delgado

Nótese que cuando se está hablando en general no se utilizan adjetivos demostrativos.(this, that, these, those / *este, ese, estos, esos*).

I like the ones without collar
Me gustan los sin (los que no tienen) collar

Y si se trata de uno, entonces en lugar de poner el plural ONES, se pondría el singular ONE:

I like the one with short legs, long ears and lifted tail.
Me gusta el de patas cortas, orejas largas y cola levantada.

O bien:

I like the one with the brown hair and big ears
Me gusta el del pelo café y orejas grandes
(utlilizando el artículo "*el*" o cualquier otro)

Como se ve, no hay que confundirse pensando que al referirse a ONE no se puede considerar en plural, ya que de hecho ONE y ONES significan en éstos casos el o los, o en el caso en que se acompañan de adjetivos demostrativos:

The one	--	*el*	**This one**	--	*este*
The ones	--	*los*	**That one**	--	*aquél*
	Those ones	--		*aquellos*	
	These ones	--		*estos*	

pero siempre utilizándolos para señalar o especificar algo entre un grupo de personas o cosas.

Para indicar que alguien o algo es de quien se está hablando se dice:

She is the one I´m talking about
Ella es de la que estoy hablando, / acerca de la cual estoy hablando

o para señalar a varios dentro de un grupo:

Those are the ones...
Esos son los...

He´s the one / He is the one
Es él (refiriéndose al hecho de señalar a una persona en forma específica o muy en particular dentro de lo general)

PREFER Vs. RATHER
(PREFERIR Vs. PREFERIR)

Existe una diferencia en inglés para indicar el concepto de PREFERIR, dependiendo básicamente en que lo siguiente sea o no un verbo.

Prefer se utiliza relacionado con cosas y situaciones, más que con acciones, aunque también se puede utilizar relacionado con un verbo.

Rather siempre va relacionado con un verbo o acción.

Por ejemplo:

- ¿Cuál vino te gusta más, el tinto o el blanco?
Me gustan ambos. Por lo general tomo vino tinto pero con pescados y mariscos prefiero tomar vino blanco / prefiero el blanco.

    - What kind of wine do you like more, red or white?
    I like both. Usually I have red wine but with sea food I...
- **...rather <u>have</u> white wine**
- **...prefer the white one**
- **...prefer to have white wine**

Cuando **Prefer** va relacionado a un verbo, éste deberá ir en *infinitivo* o con *terminación "ing"* por estar indicando una acción básica.

- Prefiero tener tiempo de sobra
    I prefer <u>*to have*</u> plenty of time

- Ella prefiere no hacer nada
    She prefers <u>*doing*</u> nothing at all

Rather not to.- el "**not to**" se refiere a una acción (verbo) ya conocida y que no se desea volver a indicar; y debido a que en caso de indicarla esa acción siempre estaría en infinitivo, es que se indica con el "**to**".

-¿Podrías hablar con él?
  Podría, pero prefiero no hacerlo (<u>hablar</u> con él.- infinitivo)
  - **Could you talk to him?**
    I could, but I rather not to.

Rather than significa "***más que***":

- *Más que solo hablar, deberías pensar antes de abrir la boca.*
  Rather than just talk, you should think before opening your mouth.

- *Yo prefiero relajarme a tiempo más que volverme loco.*
  I prefer to relax on time rather than turn crazy.

Rather solo también se utiliza para indicar "***más bien***":

- El sabor de esto es más bien dulce.
  The taste of this is rather sweet.

*Para indicar "Preferiría" se tiene que utilizar **would** en su forma completa, nunca con la contracción "**I'd**":*

  I would prefer / I would rather   .-   *CORRECTO*
  I'd prefer / I'd rather   .-   *INCORRECTO*

- ¿Le gustaría tomar un poco de vino blanco?
Preferiría tomar tinto, por favor.

  Would you like to have some white wine?
  I would rather to have red, please.

IF
(Si)

Cuando se utiliza el condicional "**if** ", el verbo que esté afectando se pone generalmente en *pasado*, el cual, en inglés, es un tiempo único que abarca todas las variantes que se tienen en español.

Por ejemplo, para el caso del verbo To BE (Ser, Estar), el pasado para la primera persona del singular abarca todo lo siguiente:

I was	(SER)	.-	*yo fui, yo era, yo fuera*
	(ESTAR)	.-	*yo estuve, yo estaba, yo estuviera*

y que, al ser utilizado junto con el condicional "**if**" significa:

If I was	(SER)	.-	*si yo fui, si yo era, si yo fuera*
	(ESTAR)	.-	si yo estuve, si yo estaba, si yo estuviera

Cuando se trata de verbos *transitivos* (aquellos con terminación *"se"* como sentarse, preguntarse, controlarse, aburrirse, etc.), la regla se mantiene y el verbo queda en pasado, teniendo en español el significado de acuerdo a la forma en que se esté hablando.

Por ejemplo, en la expresión:

"If I felt in love with you"

se tienen dos sentidos, uno como un acto pasado y el otro como una posibilidad:

"Si me enamoré de ti" y *"Si me enamorara de ti"*

La forma de determinar cuál de los dos sentidos es el correcto va a depender de la continuación de la expresión; si lo que continúa es algo como: "...*fué porque*...(...**was because**)", el significado tendrá que ser el primero de los dos. Si la continuación fuera algo como: "...*pudiera estar metiéndome en graves problemas* (...**I might be getting into deep trouble**)", el significado sería el segundo.

También se utiliza el condicional "**if**" con verbos en *presente* y generalmente va a seguir el verbo To BE:

Si como aquí es por la comida tan buena.
If I eat here is because of the food so good. [I eat = presente]

Si estaba enojado o no, no es asunto tuyo.
If I was angry or not, is not of your business. [I was = pasado]

Como se ve, el sentido dependerá tanto del tiempo gramatical del verbo que esté afectando como de la continuación de lo que se esté expresando.

Por ejemplo:

Si vengo a visitarte muy seguido, te molesta.
If I come to visit you too often, it bothers you.

Si viniera a visitarte más seguido, estarías feliz.
If I came to visit you more often, you would be happy.

Si vine a visitarte tan seguido fue porque no tenía nada más que hacer.
If I came to visit you so often was because I had nothing else to do.

IF puede ser sustituido por "**In case + Pronombre Personal**" ("*En caso de que*") y, al igual que en lo anterior, el verbo afectado podrá estar en presente o en pasado, de lo cual dependerá el significado que se dé a la expresión.

Como ejemplo podemos tener el siguiente:

En caso de que vengas y yo no esté…
In case you come and I'm not here…

Con **if**:
Si vienes y no estoy…
If you come and I'm not here…

En caso de que vinieras y yo no estuviera…
In case you came and I wasn't here…

Con **if**:
Si vinieras y yo no estuviera...
   If you came and I wasn't here...

Con el pasado del verbo To BE se tiene una situación que, cuando se presenta, podría dar la impresión de tratarse de un error, pero en realidad lo único que sucede es que se está viendo una forma de expresarse cada vez menos utilizada.

Como ya se vió, **"was"** significa entre otras cosas *"fuera"* o *"estuviera"*, pero esto mismo se puede decir en la forma de *"fuese* o *fuere"*, *"estuviese* o *estuviere"* (una forma de expresarse por demás elegante y muy utilizada en ciertos campos, como el legal, por ejemplo). Esta forma <u>siempre irá relacionada con el condicional "**si**"</u>.

Cuando se quiere dar esta forma de expresión, se recurre a otra forma de conjugar el pasado del verbo To BE y que es la inversa de la conjugación acostumbrada:

Verbo To Be
Conjugación inversa.

If:		If:	
I was	(yo era, yo fuera) (yo estaba, yo estuviera)	**I were**	(*yo fuere, yo fuese*) (*yo estuviere, yo estuviese*)
You were	(tú eras, tú fueras) (tú estabas, tú estuvieras)	**You was**	(*tú fueres, tú fueses*) (*tú estuvieres, tú estuvieses*)
He was	(él era, él fuera) (él estaba, él estuviera)	**He were**	(*él fuere, él fuese*) (*él estuviere, él estuviese*)
She was	(ella era, ella fuera) (ella estaba, ella estuviera)	**She were**	(*ella fuere, ella fuese*) (*ella estuviere, ella estuviese*)
It was	(ello era, ello fuera) (ello estaba, ello estuviera)	**It were**	(*ello fuere, ello fuese*) (*ello estuviere, ello estuviese*)
We were	(Nos. éramos, fuéramos) (Nos. estábamos, estuviéramos)	**We was**	(*Nos. fuéremos, fuésemos*) (*Nos. estuviéremos, estuviésemos*)
You were	(Uds. eran, fueran) (Uds. estaban, estuvieran)	**You was**	(*Uds. fueren, fuesen*) (*Uds. estuvieren, estuviesen*)
They were	(ellos eran, fueran) (ellos estaban, estuvieran	**They was**	(*ellos fueren, fuesen*) (*ellos estuvieren, estuviesen*)

TERCERA PARTE

EJERCICIOS
DE
APLICACIÓN GENERAL

**(Es recomendable solucionarlos en series de
25 a 50 preguntas cada vez)**

Para evitar toda posibilidad de FRUSTRACIÓN, antes de comenzar sería conveniente darle una leída a las secciones *"La misma idea pero en diferente idioma"* y *"No confundir Amnesia con Magnesia"* para conocer su contenido y saber de donde sacar la respuesta a ciertas preguntas.

Esa fue la *Buena Noticia*; la *Mala* es que ni así se podrán contestar muchas de las preguntas, simple y sencillamente porque se refieren a cosas que *no se han visto* en este Tratado.

De hecho, son estos Ejercicios de Aplicación General **"la última lección"**, en donde se podrá conocer la manera de expresar aquello a lo que no se le encontró respuesta.

Para esos casos, es importante que, después de haber tratado de contestar (y así saber el grado de conocimientos que se ha logrado alcanzar), se analice la respuesta de la sección correspondiente (cuáles reglas se aplicaron) y escribirla las veces que sea necesario hasta que se convierta en parte del *conocimiento automático*, aquél que arroja las respuestas sin necesidad de estarlas pensando.

Después, transcurridos unos días y con la ayuda de alguien, se pueden escoger series de números del 1 al 245 que corresponderán a los números de las preguntas del ejercicio. Cuando no se tenga problema para dar la respuesta correcta, habrá llegado el **merecido momento** de *"cerrar el libro"*, guardarlo en un lugar accesible (por si acaso hay que volverlo a abrir) y gozar de la satisfacción de haber logrado el objetivo, poder tener la confianza de que *"se sabe cómo decir correctamente lo que se quiere expresar"*, al grado de que difícilmente habrá alguien que pueda tener un mayor conocimiento general de la tan temida, insufrible, aborrecida y *"difícil (?)"* gramática en inglés.

¡Felicidades y Adelante!

EJERCICIOS
DE
APLICACIÓN GENERAL

1)   Lo que no has sabido desde hace mucho

_____

2)   Tus días están contados

_____

3)   ¿Qué has sabido de ellos últimamente?

_____

4)   ¿Qué es lo que no han entendido desde que comenzamos con esto?

_____

5)   De lo que nunca te diste cuenta

_____

6)   ¿Puedes ser más específico que eso?
     ¿No puedes? (*sin usar contracción*)

_____

_____

7)   Así no serán ustedes tomados por sorpresa (*De esta forma no serán...*)

_____

8)   Es mejor hacerlo de esa manera que a tu manera

_____

9)   Es mejor hacerlo de esa manera en lugar de a tu manera

_____

10) Tiene que ser así (*de esta forma*)

_____

11) ¿Tienes que ser así? (*de esa manera*)

_____

12)   ¿Tiene que ser así? (*como eso*)

_____

13)   Nomás no lo podía creer

_____

14)   Eso no debiera ser un problema, o ¿debería?

_____

15)   Deberías comportarte como te enseñaron (como has sido enseñado)

_____

16)   No crees que [podríamos / pudiéramos] ser buenos amigos?

_____

17)   Debiéramos ser buenos amigos

_____

18)   Para cuando el autobús [se vaya / deje] la terminal

_____

19)   El problema aquí es que no podemos encontrar un buen motivo

_____

20)   Tememos lo que no podemos entender

_____

21)   El tren partirá de acuerdo al horario

_____

22)   La plataforma de nuestra investigación será la misma

_____

23)   Hubiéramos sido tomados por tontos

_____

24)   Para cuando yo llegue al lugar

_____

25)   Para entonces, ¿habrás llegado?

_____

26) Para entonces, ¿crees ya haber llegado? (...*crees que ya habrás llegado?*)

_____

27) ¿Llegarías para entonces?

_____

28) ¿Podrías llegar a tiempo esta vez, por favor?

_____

29) ¿Crees que podrías lograrlo?

_____

30) Ella cena (*ella toma la cena*)

_____

31) Ella está cenando

_____

32) Ella ha desayunado (*ella ha tomado su desayuno*)

_____

33) Ella cenaría si no estuviera tan gorda

_____

34) Ella podía haber cenado (*ella podía haber tomado la cena*)

_____

35) Ella podría cenar

_____

36) Ella bien podría haber cenado (*ella bien podría haber tomado la cena*)

_____

37) Ella no cenaría si tan solo supiera lo que es eso

_____

38) ¿Podría cenar? (ella)

_____

39) ¿Podría tomar su desayuno? (ella)

_____

40) ¿Podía cenar? (ella)

_____

41) ¿Podría haber cenado? (ella) / (*¿Podría haber tomado la cena?*)

_____

42) A ella le gusta tomar su desayuno en la cama

_____

43) Esta vez desayunaré en la cama

_____

44) ¿Ya tomó el niño su desayuno?

_____

45) ¿Ha tomado el paciente su medicina de acuerdo a mis indicaciones?

_____

46) Ella no cenará hoy

_____

47) Ella podrá cenar todo lo que quiera

_____

48) Cenaremos en casa mañana

_____

49) ¿Desayunaría? (ella) / (*¿Tomaría el desayuno?*)

_____

50) ¿Habrá cenado para entonces? (ella) / (*¿Habrá tomado la cena para entonces?*)

_____

51) ¿Podrán cenar? (ellos)

_____

52)　　¿Cenarán? (ellos)

_____

53)　　Ella no habrá cenado para entonces (*ella no habrá tomado la cena...*)

_____

54)　　Ella no habría podido cenar eso

_____

55)　　Ella no podría haberlo tomado

_____

56)　　Ella no pudo haber cenado ahí (*ella no pudo haber tomado la cena ahí*)

_____

57)　　Yo no lo habría hecho (respuesta corta)

_____

58)　　Estás tomando el camino equivocado

_____

59)　　Cuando iba caminando de regreso a casa

_____

60)　　Me fui a pié todo el camino

_____

61)　　Estaba lloviendo

_____

62)　　Comenzó a llover

_____

63)　　Cuando digo algo me gusta que me escuchen (*ser escuchado*)

_____

64)　　Hay algo aquí que no me gusta

_____

65)   Me encanta el baile

_____

66)   Me fascina bailar

_____

67)   Me gusta mucho la danza folklórica

_____

68)   Disfruto la lectura

_____

69)   Me gusta leer

_____

70)   ¿Hay alguna cosa que no te guste?

_____

71)   ¿Te está molestando algo?

_____

72)   Algo está molestándote

_____

73)   ¿Hay algo que te moleste tanto como para hacerte perder el control?

_____

74)   Están allá abajo

_____

75)   Lo siento, pero es necesario

_____

76)   Habrá mal tiempo mañana

_____

77)   Me quedaré aquí esperando el resultado final

_____

78)   Estar buscando el lado malo de las cosas no es bueno

_____

79)   Estaré esperando su llamada

_____

80)   Acabarás hablando contigo mismo

_____

81)   Contigo no es posible platicar nada

_____

82)   Eso no será posible

_____

83)   ¿No estaban ustedes ahí?

_____

84)   Estaban allí (ellos)

_____

85)   ¿Estaban ahí? (ellos)

_____

86)   No estaban ahí (ustedes)

_____

87)   ¿Estarán ahí? (ellos)

_____

88)   ¿No estarán allí? (ustedes)

_____

89)   No están ahí (ellos)

_____

90)   Ahí están (ellos)

_____

91)   Ellos están ahí (*en un lugar preciso*)

_____

92)   Ellos [están / andan] por ahí (*en algún lugar*)

_____

93)   Deben andar por ahí (*sin precisar ningún lugar*)

_____

94)   ¡Ahí estás!

_____

95)   Aquí tienes (*aquí lo tienes / toma*)

_____

96)   Ahí lo tienes / Ya está

_____

97)   Estando ya ahí

_____

98)   Ya estando ahí

_____

99)   Debían tener una idea precisa acerca de esto

_____

100)   Se suponía que debían tener el dinero a tiempo

_____

101)   Debías haber tenido lo que se te pidió

_____

102)   Deberías haberlo tenido

_____

103)   Cuando voy manejando mi coche… (*Cuando estoy manejando mi coche…*)

_____

104)   Cuando ando manejando mi carro

_____

105)   Hace frío allá afuera

_____

106)   Hace frío afuera

_____

107)   Comes

_____

108)   Mientras yo [comía / estaba comiendo] (*tiempo continuo*)

_____

109)   Cuando yo comía (*use to*)

_____

110)   Cuando yo comí comida chatarra por primera vez, me enfermé

_____

111)   Comerán (ellos)

_____

112)   Estarán comiendo (Uds.) [Comer = *To eat / To have lunch*]

_____

113)   Habrán comido (Uds.)

_____

114)   ¿Comerás?

_____

115)   ¿Comerías?

_____

116)   ¿Podrás comer?

_____

117)   ¿Podrías comer?

_____

118)   Comió (él)

_____

119)   Pudo comer (ella)

_____

120) ¿Pudiste comer? (*Could*)

_____

121) ¿Pudiste comer? (*To be able to*)

_____

122) ¿Comiste?

_____

123) Pudiste haber comido

_____

124) ¿Podrías haber comido?

_____

125) ¿Come? (él)

_____

126) Pudiste comer

_____

127) ¿Logró comer? (él)

_____

128) ¿Lograron comer? (ellos) (*To manage .- arreglárselas para*)

_____

129) Para cuando yo coma

_____

130) En ese momento, ¿creías que ibas a llegar?

_____

131) En ese momento, ¿creías que lo lograrías?

_____

132) ¿Creíste que lo ibas a lograr?

_____

133) Debí haberlo sabido mejor

_____

134)   Deberías saber mucho más que eso

135)   Deberías saber más que eso (*mejor que eso*)

136)   Deberías saber cómo

137)   Tenías que saber eso

138)   Ya para esa hora estaré desayunando

139)   A esa hora estaré tomando el desayuno

140)   A esa hora voy a estar desayunando

141)   Para las 10:00 habré terminado

142)   Te dije que le dijeras (a él) que dejara de estar desayunando tan tarde

143)   En cuanto termine de tomar mi café te vuelvo a llamar

144)   ¿No podían haberse quedado un poco más?

145)   No importa lo que digas, no voy a ir a ningún lado contigo

146)   No me importa si se enoja tu jefe, te llamaré cada vez que quiera

147)   No podría importarme menos

148)   No me podría importar menos

149)   Ahora bien, si no están de acuerdo con las reglas...

150)   ¡Atrás! (*¡Échate para atrás! / ¡Hazte para atrás!*)

151)   Díganles que no se acerquen más (Acercarse = *To get close*)

152)   ¡Pásale! (*¡Entra!*)

153)   ¡Pásale! (*¡Métete!*)

154)   Dile que pase (*¡Pásalo!*)

155)   Dile que se meta

156)   Dile que entre

157)   Dile que [ya / ahora] puede entrar

158)   Ven cuando quieras

159)   ¡No me importa!

160)   Me da igual, puedo volver cada vez que tenga ganas

161)   Esa [pudiera / pudiese] ser la mejor solución

162)   Lo que quieres saber es cómo aprender más rápido, ¿o no?

_____

163)   Si lo que deseas escuchar es mi opinión...

_____

164)   Si lo que deseas es escuchar mi opinión...

_____

165)   Si de lo que tienes ganas es de escuchar mi opinión...

_____

166)   Lo que esperas de mí es demasiado (*lo que estás esperando de mí...*)

_____

167)   ¿No podrían haber estado ahí?

_____

168)   ¿No habrían podido estar ahí?

_____

169)   A poco fuiste tú

_____

170)   A poco no sabías

_____

171)   Puede ser que estén muy cansados el uno del otro (*de ellos mismos*)

_____

172)   Pueden estarlo, pero...

_____

173)   Puede ser que estén muy enojados, pero eso no me importa

_____

174)   Pudiera ser que estén...

_____

175)   Puede ser que estuvieran... (ellos)

_____

176)   Estarán muy enamorados para entonces (*profundamente .- deeply*)

_____

177)   [Estarán / Pueden estar / Podrán estar] muy enamorados, pero...

_____

178)   Acababa de salir cuando el mensajero llegó

_____

179)   Ella se había salido tantito antes de tu llamada

_____

180)   El jefe te buscó [apenas te habías ido / acabándote de ir]

_____

181)   Tan pronto supe de ello, traté de ponerme en contacto

_____

182)   Como dije antes

_____

183)   Como ya tantas veces he dicho

_____

184)   Como tantas veces lo he dicho

_____

185)   Como tantas veces ya he dicho

_____

186)   Como ya tantas veces he dicho

_____

187)   El vuelo podría haber salido a tiempo si no hubiéramos tenido tan
       mal tiempo (*salida .- departure; mal clima .- bad weather*)

_____

188)   No me siento con ganas de viajar con un clima tan malo

_____

189) Me haré cargo de inmediato

190) Esto debe atenderse de inmediato

191) ¡Ven de inmediato! (*inmediatamente*)

192) Estaré ahí en unos 20 minutos

193) Por favor vuelve a llamarme como en media hora

194) Estaré con ustedes [tan pronto pueda / tan pronto como pueda]

195) Estaré con ustedes en un rato

196) Estaré con ustedes en un ratito

197) Por favor espera solo un poco más

198) Aguántame tan solo un poquito más

199) Dentro de 45 minutos, el transbordador espacial será lanzado (*To launch .- lanzar*)

200) Dentro de los siguientes 5 minutos, nadie podrá salir

201) En unos 10 min. el oficial a cargo estará de regreso

202)   En unos cuantos minutos más

203)   En unos 15 min. más

204)   Si tan solo supieras

205)   Si pudiéramos saber

206)   Es más de lo que pudieras pensar

207)   Lo que pudieras llegar a pensar no sería suficiente

208)   Si esto se hubiera podido saber años antes, ...

209)   El tiempo que sea que [requieras / necesites]

210)   El tiempo que sea que se pudiera [necesitar / requerir]

211)   El tiempo que pudiera [requerirse / necesitarse]

212)   El tiempo que fuese necesario

213)   El tiempo que se fuera a necesitar [*que fuera a necesitarse / a ser necesitado*]

214)   El tiempo que se necesitara [*El tiempo necesario / requerido*]

215)   A quien corresponda

_____

216)   ¿Cuáles de ustedes vendrán con nosotros esta vez?

_____

217)   ¿Quiénes de ustedes irán?

_____

218)   ¿A quién le debo entregar estos documentos?

_____

219)   ¿A quién dijiste que le tengo que entregar mis papeles?

_____

220)   Entre nosotros hay alguien que tiene que explicar muchas cosas

_____

221)   Entre nosotros hay alguien que tiene muchas cosas que explicar

_____

222)   ¿Alguien tiene algo más que decir?

_____

223)   Recibirás buenas noticias de algún conocido (*de alguien que conoces*)

_____

224)   Alguno de ustedes tendrá que poder lograrlo y de inmediato

_____

225)   ¿Están [entendiendo / captando] lo que estoy diciéndoles?

_____

226)   ¿Me estoy explicando lo suficiente? [¿Estoy siendo lo suficientemente claro?]

_____

227)   No me digas que…

_____

228)   No digas nada

_____

229)   Ni siquiera te atrevas a decir una palabra

_____

230)   De haber sabido cómo sería el viaje, no lo hubiera tomado

_____

231)   Ellos son de quienes te hablaba (*...acerca de quienes / ...de los que*)

_____

232)   Entre nosotros no puede haber falta de confianza

_____

233)   Entre nosotros dos no puede existir falta de confianza

_____

234)   No puede ser que haya una fuga de información [tan / así de] grave

_____

235)   Esto es lo que hará la diferencia

_____

236)   Juguemos a "Lo que hace la mano hace la 'trás" (*Lo que hace la mano hace el atrás / hace el de atrás*)

_____

237)   Para el momento en que hubiéramos terminado con esto...

_____

238)   Para cuando hayamos terminado esto...

_____

239)   Cuando ya habíamos terminado con [el trabajo / la chamba] ...

_____

240)   Cuando terminamos / cuando rompimos (*referido a una relación personal*)

_____

241)   ¡Hazle como quieras!

_____

242)   ¿Podrías haber estado comiendo tan tranquilo si hubieras sabido lo que pasaba?

_____

243)   [No me digas / No digas] (*Expresión de incredulidad*)

_____

244)   Bajo esas circunstancias, ¿habrías sido lo suficientemente amable como para ceder tu asiento?

_____

_____

245)   Créemelo, si yo hubiera tenido los medios, me habría sido posible haber estado presente cuando me necesitabas

_____

_____

EJERCICIOS
DE
APLICACIÓN GENERAL
(RESPUESTAS)

EJERCICIOS
DE
APLICACIÓN GENERAL
(RESPUESTAS)

1)   Lo que no has sabido desde hace mucho
      What you haven't known since a long time ago

2)   Tus días están contados
      Your days are numbered

3)   ¿Qué has sabido de ellos últimamente?
      What have you known from them lately?

4)   ¿Qué es lo que no han entendido desde que comenzamos con esto?
      What is it that you haven't understood since we started with this?

5)   De lo que nunca te diste cuenta
      What you never realized

6)   ¿Puedes ser más específico que eso?
      ¿No puedes? (*sin usar contracción)*
      Can you be more specific than that?
      Can you not?

7)   Así no serán ustedes tomados por sorpresa (*De esta forma no serán...*)
      This way you won't be taken by surprise

8)   Es mejor hacerlo de esa manera que a tu manera
      It's better to do it that way than your way

9)   Es mejor hacerlo de esa manera en lugar de a tu manera
      It's better to do it that way instead of your way

10)   Tiene que ser así (*de esta forma*)
      It has to be this way

11) ¿Tienes que ser así? (*de esa manera*)
   Do you have to be that way?

12) ¿Tiene que ser así? (*como eso*)
   Must it be like that?

13) Nomás no lo podía creer
   I just couldn't believe it

14) Eso no debiera ser un problema, o ¿debería?
   That shouldn't be a problem, or, Should it?

15) Deberías comportarte como te enseñaron (como has sido enseñado)
   You should behave as you've been taught to

16) No crees que [podríamos / pudiéramos] ser buenos amigos?
   Don't you think we could be good friends?

17) Debiéramos ser buenos amigos
   We should be good friends

18) Para cuando el autobús [se vaya / deje] la terminal
   By the time the bus leaves the station

19) El problema aquí es que no podemos encontrar un buen motivo
   The problem here is that we can't find a good motive

20) Tememos lo que no podemos entender
   We are afraid of what [we cannot / we are not able to] understand

21) El tren partirá de acuerdo al horario
   The train will departure according to schedule

22) La plataforma de nuestra investigación será la misma
   The platform of our research will be the same one

23) Hubiéramos sido tomados por tontos
   We would have been taken for fools

24) Para cuando yo llegue al lugar
   By the time I [get / arrive] to the place

25)   Para entonces, ¿habrás llegado?
      By then, Will you have arrived?

26)   Para entonces, ¿crees ya haber llegado? (...*crees que ya habrás llegado?*)
      By then, Do you think you will have arrived already?

27)   ¿Llegarías para entonces?
      Would you [arrive / get there] by then?

28)   ¿Podrías llegar a tiempo esta vez, por favor?
      This time, Could you arrive on time, please?

29)   ¿Crees que podrías lograrlo?
      Do you think you could make it?

30)   Ella cena (e*lla toma la cena*)
      She takes dinner

31)   Ella está cenando
      She is having dinner
      [To have dinner = cenar ; *To take dinner* = tomar la cena*]*

32)   Ella ha desayunado (*ella ha tomado su desayuno*)
      She has taken her breakfast

33)   Ella cenaría si no estuviera tan gorda
      She would have dinner if she wasn't so fat

34)   Ella podía haber cenado (e*lla podía haber tomado la cena*)
      She could have taken dinner

35)   Ella podría cenar
      She could take dinner

36)   Ella bien podría haber cenado (e*lla bien podría haber tomado la cena*)
      She could as well have taken dinner

37)   Ella no cenaría si tan solo supiera lo que es eso
      She wouldn't have dinner if she only knew what that i

38) ¿Podría cenar? (ella)
Could she have dinner?

39) ¿Podría tomar su desayuno? (ella)
Could she take her breakfast?

40) ¿Podía cenar? (ella)
Was she able to have dinner?

41) ¿Podría haber cenado? (ella) / (*¿Podría haber tomado la cena?*)
Could she have taken dinner?

42) A ella le gusta tomar el desayuno en la cama
She likes to take breakfast on bed

43) Esta vez desayunaré en la cama
This time I will have breakfast on bed

44) ¿Ya tomó el niño su desayuno?
Did [the kid / the child] already take his breakfast?
[Si la pregunta fuera: *¿Ya desayunó el niño?* La respuesta sería:
Did the kid already have breakfast?]

45) ¿Ha tomado el paciente su medicina de acuerdo a mis indicaciones?
*Has the patient taken his medicine according to my indications /
instuctions?*

46) Ella no cenará hoy
She won't have dinner today

47) Ella podrá cenar todo lo que quiera
She will be able to have as much as she wants to for dinner

48) Cenaremos en casa mañana
Tomorrow we will have dinner at home

49) ¿Desayunaría? (ella) / (*¿Tomaría el desayuno?*)
Would she take breakfast?

50) ¿Habrá cenado para entonces? (ella) / (*¿Habrá tomado la cena*
     para entonces?)
     Will she have taken dinner by then?

51) ¿Podrán cenar? (ellos)
     Will they be able to have dinner?

52) ¿Cenarán? (ellos)
     Will they have dinner?

53) Ella no habrá cenado para entonces (*ella no habrá tomado la cena.*)
     She won't have taken dinner by then

54) Ella no habría podido cenar eso
     She wouldn't have been able to have that for dinner

55) Ella no podría haberlo tomado
     She couldn't have taken it

56) Ella no pudo haber cenado ahí (*ella no pudo haber tomado la cena ahí*)
     She couldn't have taken dinner there

57) Yo no lo habría hecho
     I wouldn't have

58) Estás tomando el camino equivocado
     You are taking the wrong way

59) Cuando iba caminando de regreso a casa
     When I was walking back home

60) Me fui a pié todo el camino
     I walked all the way

61) Estaba lloviendo
     It was raining

62) Comenzó a llover
     It started to rain

63) Cuando digo algo me gusta que me escuchen (*ser escuchado*)
   When I say something I like to be heard

64) Hay algo aquí que no me gusta
   There's something here I don't like

65) Me encanta el baile
   I love dancing

66) Me fascina bailar
   I love to dance

67) Me gusta mucho la danza folklórica
   I like folkloric dance a lot

68) Disfruto la lectura
   I enjoy reading

69) Me gusta leer
   I like to read

70) ¿Hay alguna cosa que no te guste?
   Is there anything (that) you don't like?

71) ¿Te está molestando algo?
   Is something bodering you?

72) Algo está molestándote
   Something is bodering you

73) ¿Hay algo que te moleste tanto como para hacerte perder el control?
   Is there anything that boders you so much as to make you lose your temper?

74) Están allá abajo
   They're down there

75) Lo siento, pero es necesario
   I'm sorry but [it is / it's] necessary

76) Habrá mal tiempo mañana
There will be bad weather tomorrow

77) Me quedaré aquí esperando el resultado final
I'll stay here waiting for the final result

78) Estar buscando el lado malo de las cosas no es bueno
To be looking for the dark side of things is not good

79) Estaré esperando su llamada
I'll be waiting for your call

80) Acabarás hablando contigo mismo
You will end talking to yourself

81) Contigo no es posible platicar nada
With you it's not possible to talk about anything
It's not possible to talk about anything with you

82) Eso no será posible
That won't be possible

83) ¿No estaban ustedes ahí?
Weren't you there?

84) Estaban allí (ellos)
They were there

85) ¿Estaban ahí? (ellos)
Were they there?

86) No estaban ahí (ustedes)
You weren't there

87) ¿Estarán ahí? (ellos)
Will they be there?

88) ¿No estarán allí? (ustedes)
Won't you be there?

89) No están ahí (ellos)
They're not there

90) Ahí están (ellos)
There they are

91) Ellos están ahí (*en un lugar preciso*)
They are right there

92) Ellos [están / andan] por ahí (*en algún lugar*)
They are over there

93) Deben andar por ahí (*sin precisar ningún lugar*)
They must be around there

94) ¡Ahí estás!
There you are!

95) Aquí tienes (*aquí lo tienes / toma*)
Here!

96) Ahí lo tienes / Ya está
There you are

97) Estando ya ahí
Being already there

98) Ya estando ahí
Already being there

99) Debían tener una idea precisa acerca de esto
They should have a precise idea about this

100) Se suponía que debían tener el dinero a tiempo
They were supposed to have the money on time [...estaban supuestos para tener...]

101) Debías haber tenido lo que se te pidió
You should have had what you were asked for

TERCERA PARTE - Respuestas

102) Deberías haberlo tenido
You should have had it

103) Cuando voy manejando mi coche… (*Cuando estoy manejando mi coche…*)
When I'm driving my car…

104) Cuando ando manejando mi carro
When I go driving my car

105) Hace frío allá afuera
It's cold out there

106) Hace frío afuera
It's cold outside

107) Comes
You eat

108) Mientras yo [comía / estaba comiendo] (*tiempo continuo*)
While I was eating

109) Cuando yo comía (*use to*)
When I used to eat (Cuando solía comer)

110) Cuando yo comí comida chatarra por primera vez, me enfermé
When I ate junk food for the first time, I got sick

111) Comerán (ellos)
They will eat

112) Estarán comiendo (Uds.) [Comer = *To eat / To have lunch*]
You will be eating / You will be having lunch

113) Habrán comido (Uds.)
You will have eaten / You will have had lunch

114) ¿Comerás?
Will you eat? / Will you have lunch?

115)   ¿Comerías?
Would you eat? / Would you have lunch?

116)   ¿Podrás comer?
Will you be able to eat? / Will you be able to have lunch

117)   ¿Podrías comer?
Could you eat? / Could you be able to have lunch?

118)   Comió (él)
He ate / He had lunch

119)   Pudo comer (ella)
She could eat / She was able to eat
She could have lunch / She was able to have lunch

120)   ¿Pudiste comer? (*Could*)
Could you eat? / Could you have lunch?

121)   ¿Pudiste comer? (*To be able to*)
Were you able to eat? / Were you able to have lunch?

122)   ¿Comiste?
Did you eat? / Did you have lunch?

123)   Pudiste haber comido
You could have eaten / You could have had lunch

124)   ¿Podrías haber comido?
Would you have been able to eat? / Would you have been able to have lunch?

125)   ¿Come? (él)
Does he eat? / Does he have lunch?

126)   Pudiste comer
You could eat / You could have lunch
You were able to eat / You were able to have lunch

127)   ¿Logró comer? (él)
Was he able to eat? / Was he able to have lunch?

128)   ¿Lograron comer? (ellos) (*To manage .- arreglárselas para*)
       Did they manage to eat? / Did they manage to have lunch

129)   Para cuando yo coma
       By the time I eat / By the time I have lunch

130)   En ese momento, ¿creías que ibas a llegar?
       In that moment, Did you think you were going to get there?

131)   En ese momento, ¿creías que lo lograrías?
       In that moment, Did you think you would make it?

132)   ¿Creíste que lo ibas a lograr?
       Did you think you were going to make it?

133)   Debí haberlo sabido mejor
       I should have known better

134)   Deberías saber mucho más que eso
       *You should know [much more / far more / lots more / a lot more]
       than that*

135)   Deberías saber más que eso (*mejor que eso*)
       You should know better than that

136)   Deberías saber cómo
       You should know how

137)   Tenías que saber eso
       You should know that / You had to know that

138)   Ya para esa hora estaré desayunando
       By that time I will be having breakfast

139)   A esa hora estaré tomando el desayuno
       At that time I will be taking breakfast

140)   A esa hora voy a estar desayunando
       At that time I'm going to be having breakfast

141) Para las 10:00 habré terminado
      By ten o'clock I will have finished

142) Te dije que le dijeras (a él) que dejara de estar desayunando tan tarde
      I told you to tell him not to be having breakfast so late

143) En cuanto termine (de tomar) mi café te vuelvo a llamar
      As soon as I finish (having) my coffee I'll call you back

144) ¿No podían haberse quedado un poco más?
      Couldn't they have stayed a little longer?

145) No importa lo que digas, no voy a ir a ningún lado contigo
      No matter what you say, I'm not going anywhere with you

146) No me importa si se enoja tu jefe, te llamaré cada vez que quiera
      I don't care if your boss gets mad, I will call you [each time / whenever] I want to

147) No podría importarme menos
      It couldn't care less to me

148) No me podría importar menos
      I couldn't care less

149) Ahora bien, si no están de acuerdo con las reglas...
      Now, [if you don't agree / if you disagree] with the rules...

150) ¡Atrás! (*¡Échate para atrás! / ¡Hazte para atrás!*)
      Back off!

151) Díganles que no se acerquen más (Acercarse = *To get close*)
      Tell them not to get any closer

152) ¡Pásale! (*¡Entra!*)
      Show in!

153) ¡Pásale! (*¡Métete!*)
      Get in! / Step inside! / Come in! / C'mon in!

154) Dile que pase (¡*Pásalo!*)
      Show him in

155) Dile que se meta
      Tell him to get in

156) Dile que entre
      Tell him to step inside

157) Dile que [ya / ahora] puede entrar
      Tell him [he can / he may] come in now

158) Ven cuando quieras
      Come [whenever / anytime] [you wish / you want to]

159) ¡No me importa!
      I don't care!

161) Me da igual, puedo volver cada vez que tenga ganas
      It's the same to me, I can get back anytime I feel like to

162) Esa [pudiera / pudiese] ser la mejor solución
      That might be the best solution

163) Lo que quieres saber es cómo aprender más rápido, ¿o no?
      What you want to know is how to learn faster, Don't you?

164) Si lo que deseas escuchar es mi opinión...
      If what you wish to hear is my opinion...

165) Si lo que deseas es escuchar mi opinión...
      If what you wish is to listen to my opinion...

166) Si de lo que tienes ganas es de escuchar mi opinión...
      If what you want is to listen to my opinion...

167) Lo que esperas de mí es demasiado (*lo que estás esperando de mí...*)
      What you're expecting from me is too much

168) ¿No podrían haber estado ahí?
      Couldn't [you / they] have been there?

169) ¿No habrían podido estar ahí?
Wouldn't [you / they] have been able to be there?

170) A poco fuiste tú
Don't tell me it was you

171) A poco no sabías
Don't tell me you didn't know

172) Puede ser que estén muy cansados el uno del otro (*de ellos mismos*)
It may be that they are too tired of themselves

173) Pueden estarlo, pero…
They may be, but…

174) Puede ser que estén muy enojados, pero eso no me importa
They may be really mad, but I don't care

175) Pudiera ser que estén…
It might be that they are…

176) Puede ser que estuvieran… (ellos)
It may be that they were…

177) Estarán muy enamorados para entonces (*profundamente .- deeply*)
They will be deeply in love by then

178) [Estarán / Pueden estar / Podrán estar] muy enamorados, pero…
They may be deeply in love, but…

179) Acababa de salir cuando el mensajero llegó
I had just left when the messenger arrived

180) Ella se había salido tantito antes de tu llamada
She had left just before your call

181) El jefe te buscó [apenas te habías ido / acabándote de ir]
The boss looked for you just after you left

182) Tan pronto supe de ello, traté de ponerme en contacto
As soon as I knew about it, I tried to get in contact

310

183)   Como dije antes
       As I said before

184)   Como ya tantas veces he dicho
       As I've already said for so many times

185)   Como tantas veces lo he dicho
       As I have said it so many times

186)   Como tantas veces ya he dicho
       As so many times I have already said

187)   Como ya tantas veces he dicho
       As already so many times I have said

188)   El vuelo podría haber salido a tiempo si no hubiéramos tenido tan
       mal tiempo
       (*salida .- departure; mal clima .- bad weather*)
       The flight could have departured on time if we hadn't had such
       bad weather
       (Un mal tiempo tal = *a such bad weather*)

189)   No me siento con ganas de viajar con un clima tan malo
       I don't feel like traveling with [a weather so bad / a weather so
       louzy / such a bad weather / such bad weather]

190)   Me haré cargo de inmediato (Hacerse cargo = *To take care*)
       I will take care in no time

191)   Esto debe atenderse de inmediato (Encargarse de = *To take care of*)
       This has to be taken care of in no time

192)   ¡Ven de inmediato! (*inmediatamente*)
       Come immediately!

193)   Estaré ahí en unos 20 minutos
       I'll be there in around 20 minutes

194)   Por favor vuelve a llamarme como en media hora
       Please call me back [in about / in around] half an hour

195) Estaré con ustedes [tan pronto pueda / tan pronto como pueda]
      I'll be with you as soon as I can

196) Estaré con ustedes en un rato
      I'll be with you in a while

197) Estaré con ustedes en un ratito
      I'll be with you in a short while

198) Por favor espera solo un poco más
      Pleas wait just a little more

199) Aguántame tan solo un poquito más
      Hold me just a little bit more

200) Dentro de 45 minutos, el transbordador espacial será lanzado (*To launch .- lanzar*)
      Within 45 minutes, the space shuttle will be launched

201) Dentro de los siguientes 5 minutos, nadie podrá salir
      In [the following / the next] 5 minutes, nobody will be able to go out

202) En unos 10 min. el oficial a cargo estará de regreso
      203) [In around / In about] 10 minutes the officer in charge will be back

204) En unos cuantos minutos más
      In a few more minutes

203) En unos 15 min. más
      In about 15 minutes more

204) Si tan solo supieras
      If you only knew

205) Si pudiéramos saber
      If we could know

206) Es más de lo que pudieras pensar
      It's more than what you could think of

207) Lo que pudieras llegar a pensar no sería suficiente
What you could get to know wouldn't be enough

208) Si esto se hubiera podido saber años antes, ...
If this could have been known years before, ...

209) El tiempo que sea que (requieras / necesites)
Whatever the time you need

210) El tiempo que sea que se pudiera (necesitar / requerir)
Whatever the time needed might be

211) El tiempo que pudiera (requerirse / necesitarse)
The time that might be [required / needed]

212) El tiempo que fuese necesario
The time that might be necessary

213) El tiempo que se fuera a necesitar [*que fuera a necesitarse / a ser necesitado*]
The time that should be needed

214) El tiempo que se necesitara [*El tiempo necesario / requerido*]
The time needed

215) A quien corresponda
To whom it may concern

216) ¿Cuáles de ustedes vendrán con nosotros esta vez?
Which ones of you [will come / will be coming] with us this time?

217) ¿Quiénes de ustedes irán?
Whom of you [will go / will be going]?

218) ¿A quién le debo entregar estos documentos?
To whom should I [give / deliver] these documents?

219) ¿A quién dijiste que le tengo que entregar mis papeles?
To whom you said I must give my papers?

220) Entre nosotros hay alguien que tiene que explicar muchas cosas
Among us there is somebody [who has to / who must] explain a lot of things

221) Entre nosotros hay alguien que tiene muchas cosas que explicar
Among us there's somebody who has a lot of things to explain

222) ¿Alguien tiene algo más que decir?
Does anybody have anything else to say?

223) Recibirás buenas noticias de algún conocido (*de alguien que conoces*)
You will [get / receive] good news from somebody you know

224) Alguno de ustedes tendrá que poder lograrlo y de inmediato
Someone of you will have to be able to make it and in no time (at all)

225) ¿Están [entendiendo / captando] lo que estoy diciéndoles?
Are you [understanding / getting] what I'm telling you?

226) ¿Me estoy explicando lo suficiente? [¿Estoy siendo lo suficientemente claro?]
Am I making myself clear enough?

227) No me digas que...
Don't tell me that...

228) No digas nada
Don't say anything

229) Ni siquiera te atrevas a decir una palabra
Don't even dare to say a word

230) De haber sabido cómo sería el viaje, no lo hubiera tomado
If I had known how the trip would be, I wouldn't have taken it

231) Ellos son de quienes te hablaba (*...acerca de quienes / ...de los que*)
They're the ones I was telling you about

314

232) Entre nosotros no puede haber falta de confianza
      Between us it can't be a lack of confidence

233) Entre nosotros dos no puede existir falta de confianza
      Between the two of us it can't exist (a) lack of confidence

234) No puede ser que haya una fuga de información [tan / así de] grave
      It can't be there is a leak of information this bad

235) Esto es lo que hará la diferencia
      This is what will make the difference

236) Juguemos a "Lo que hace la mano hace la 'trás" (*Lo que hace la mano hace el atrás / hace el de atrás*)
      Let's play "Follow the leader"

237) Para el momento en que hubiéramos terminado con esto…
      By the moment we would have ended with this…

238) Para cuando hayamos terminado esto…
      By the time we have finished this…

239) Cuando ya habíamos terminado con [el trabajo / la chamba] …
      When we had already finished with the job…

240) Cuando terminamos / cuando rompimos (*referido a una relación personal*)
      When we broke

241) ¡Hazle como quieras!
      Do as you want!

242) ¿Podrías haber estado comiendo tan tranquilo si hubieras sabido lo que pasaba?
      Could you have been eating so relax if you had known what was happening?

243) [No me digas / No digas] (*Expresión de incredulidad*)
      Don't say!

244)   Bajo esas circunstancias, ¿habrías sido lo suficientemente amable como para ceder tu asiento?
Under those circumstances, Would you have been kind enough as to give your__ seat away?
[Análisis de *"to give your seat away"*: acción (dar .- *to give*) / ¿qué cosa? (tu___ asiento .- *your seat*) / ¿en qué forma? (hacia fuera de uno mismo .- *away*)]

245)   Créemelo, si yo hubiera tenido los medios, me habría sido posible haber estado presente cuando me necesitabas
Believe me, if I had had the means, it would have been possible for me to have been present when you needed me

CUARTA PARTE

NUMEROLOGÍA

En lo relacionado al manejo de números o cifras, tanto enteros como fraccionales, es necesario tomar en cuenta ciertos detalles para evitar dar a entender un número o cantidad diferente a lo que se está deseando decir.

1) En los números naturales del 13 al 19 se da fácilmente la confusión con las decenas del 30 al 90 *si no se marca la diferencia en la pronunciación.*

13 .- thirteen	30 .- thirty
14 .- fourteen	40 .- forty
15 .- fifteen	50 .- fifty
16 .- sixteen	60 .- sixty
17 .- seventeen	70 .- seventy
18 .- eighteen	80 .- eighty
19 .- nineteen	90 .- ninety

Para los números que tienen la terminación **teen**, ésta debe acentuarse en forma marcada como palabras agudas (última sílaba). Es decir, al referirse a los números de la primera columna teen se pronuncia como *"tín"*.

El no marcar esta acentuación puede hacer que se entienda *"tí"* que es precisamente la terminación de los números de la segunda columna y que, por cierto, ninguno tiene acentuación de palabra aguda sino grave (penúltima sílaba: *twénty, thírty, fórty, fífty, síxty, éighty, nínety*) a excepción del 70 (seventy) que se acentúa como palabra esdrújula (antepenúltima sílaba: *séventy*).

Es en referencia a los números con terminación *"teen"* el que *adolescente(s)* se diga *"teenager(s)"* (el (los) de edad con "teen"), ya que en las pasadas épocas en que la juventud llevaba las cosas con calma y no se aceleraba tanto como en la actualidad se suponía que la adolescencia correspondía a la etapa entre los 13 y los 19 años de edad.

2) Al referirse a fechas se utiliza la forma fraccional, o sea que para referirse, por ejemplo, al día 7 de un mes se dice como el *séptimo* día.

La manera de convertir un número entero en fraccional es aumentando una terminación específica, la cual en el caso de ser escrita deberá subrayarse.

Las terminaciones son 4 diferentes, tres correspondientes a los números 1, 2, 3 y a partir del número 4 otra que se aplica a cualquier número *no terminado* ni en 1, ni en 2, ni en 3.

1 (*one*)   .- 1st (*first*)
2 (*two*)   .- 2nd (*second*)
3 (*three*)   .- 3rd (*third*)
----
4 (*four*)   .- 4th (*fourth*)

Así, por ejemplo, si se desea escribir o decir "mayo 15", en inglés es: *May 15th* (*May fifteenth*) o "mayo *quinceavo*", o bien, para "el 15 de mayo" sería: *May the fifteenth* (mayo el *quinceavo*).

Nota:

En inglés tanto los días de la semana como los meses se escriben con mayúscula.

Para el caso de números que terminen en 1, 2 ó 3, se aplica la terminación correspondiente:

21 st   (*twenty first*)
92 nd   (*ninety second*)
33 rd   (*thirty third*)

3) Cuando se manejan números fraccionales en forma de quebrados, algo muy común al hablar del sistema inglés de medición utilizado en herramientas o en planos técnicos, se tiene una forma peculiar de hablar:

"1/2" se dice "*one half*" (un medio)
"1/4" se dice "*one fourth*" (un cuarto)
"1/8" se dice "*one eighth*" (un octavo)
"1/16" se dice "*one sixteenth*" (un dieciseisavo)
        o bien: "*one sixteen*" (un dieciseis)

<u>Nota</u>:

Cuando se quiere decir: "la mitad de..." se dice: "*half of...*" y para decir: "a media (cuadra)" se dice: "*half (a block)*".

De este punto en adelante ya no se usa la forma fraccional sino que se hace referencia al número de que se trate en forma directa:

"1/32" se dice "*one thirtytwo*" (un treinta y dos)
"1/64" se dice "*one sixtyfour*" (un sesenta y cuatro)
etc.

Cuando el número de fracciones a las que se está refiriendo es mayor que uno, la fracción se pone en plural:

"2/3" se dice "*two thirds*" (dos tercios)
"3/8" se dice "*three eights*" (tres octavos)
"5/16" se dice "*five sixteenths*" (cinco dieciseisavos)
            o bien: "*five sixteens*" (cinco dieciseis)
"7/64" se dice "*seven sixtyfours*" (siete sesenta y cuatros)

Si se desea decir:
2/2 (dos medios), se dice: "*two halves*" (dos mitades)

Esta forma de indicar cantidades fraccionales es muy utilizada en herramientas en donde las medidas se dan en función de 1 pulgada (1 inch ó 1"):

3/8" (ó 3/8 in.) se dice: "*three eights of an inch*" (tres octavos <u>de una</u> pulgada)

4) Cuando se están mencionando cantidades relacionadas con líquidos, tales como *litros* o *galones*, se acostumbra decir:

1/2 Lt. .- *half a liter*   *(USA)
         half a litre   *(UK / ENGLAND), (USA)

y para otras cantidades:

3/4 Gal. .- *three quarters of a gallon.*

(*) UK = United Kingdom (Reino Unido)
ENGLAND = Inglaterra
USA = United States of America (Estados Unidos de Norteamérica
o E.E.U.U.)

5)   Al hablar de *cientos* es importante tener presente que se trata de
cantidades con 3 cifras, la primera indicando de cuántos cientos se
trata (entre 1 y 9).

Si suponemos, para fines explicativos, que **X** es la cantidad de cientos
y que **00** es una cantidad entre 0 y 99, se tiene lo siguiente:

XOO, o bien: **X(OO)**

Esta forma de indicar que se trata de cientos (00) no debe hacer que se
olvide el hecho de que cualquier cantidad que se refiera a uno o más
cientos tiene 3 cifras y que lo que está indicando el (00) es que al número
que se tenga (entre 1 y 9) se le deben aumentar 2 ceros (o bien, hablando
matemáticamente, se debe multiplicar por 100).

[En el caso de existir punto decimal significa correr el punto a la derecha
igual número de lugares que ceros haya, o sea, 2 lugares]. *(¡Perdón! pero,
como ingeniero, no resistí la tentación de dar esta explicación).*

Cuando se trata de cantidades cerradas tales como 100, 400, 500, 900, etc.
simplemente se indica la cantidad de cientos a los que se esté refiriendo:

100 .-	*one hundred*	(cien)
	a hundred	(un ciento)
200 .-	*two hundred*	(dos ciento)
300 .-	*three hundred*	(tres ciento)
800 .-	*eight hundred*	(ocho ciento)

Nótese que la palabra 100 (cien o ciento) se mantiene en singular. Esto
se debe a que al decir *hundreds* (cientos) se daría a entender una cantidad
fraccional (centésimos).

Al referirse a cientos más otra cantidad (entre 1 y 99) se debe indicar el
número de cientos **"y"** cuánto más, es decir:

325 .- *three hundred and twenty five*   (trescientos y veinticinco)
878 .- *eight hundred and seventy eight* (ochocientos y setenta y ocho)
101 .- *one hundred and one*   (ciento y uno)
    a hundred and one   (un ciento y uno)
999 .- *nine hundred and ninety nine* (novecientos y noventa y nueve)

De hecho esta es la misma regla que se aplica en español (no así en inglés) a las decenas del 20 al 90, en las cuales se indica la decena y cuánto más:

38 .- treinta y ocho   (*thirty eight* .- trienta ocho)
21 .- veintiuno (veinte y uno)   (*twenty one* .- veinte uno)
73 .- setenta y tres   (*seventy three* .- setenta tres)

y de igual forma del 16 al 19:

16 .- dieciseis (diez y seis)   (*sixteen*)
17 .- diecisiete (diez y siete)   (*seventeen*)
18 .- dieciocho (diez y ocho)   (*eighteen*)
19 .- diecinueve (diez y nueve)   (*nineteen*)

En inglés existe un manejo muy peculiar en lo que a cientos se refiere. A diferencia del español en donde el número de cientos que se pueden indicar es entre 1 y 9, en inglés se pueden indicar entre 1 y 99, en tal forma que:

para indicar: se puede decir como:

1,200   (12 00)   *twelve hundred* (doce cientos)
3,800   (38 00)   *thirty eight hundred* (treinta y ocho cientos)
2,500   (25 00)   *twenty five hundred* (veinticinco cientos)
1,700   (17 00)   *seventeen hundred* (diecisiete cientos)
1,100   (11 00)   *eleven hundred* (once cientos)
    etc.

Su uso es por lo general aplicado a cifras cerradas de cien relacionadas a medidas de altura o de profundidad, de precios (dinero) y, en forma invariable, dentro del lenguaje militar para indicar una hora específica:

1,600 hrs. = *sixteen hundred hours*   (las mil seicientas horas, es decir, las (dieciseis cientos) 16:00 hrs. ó 4:00 PM)

Cuando se trata de cifras no cerradas a cien, especialmente en relación a los años en las fechas, se acostumbra indicar el número formado por los dos primeros dígitos de los cuatro que forman el año y después el número formado por los dos últimos dígitos, sin mencionar ni la palabra *"cientos"* ni la palabra de enlace *"y"* que le sigue:

para indicar: se dice como:

1995	*Nineteen ninety five*	(diecinueve noventa y cinco)
1810	*Eighteen ten*	(dieciocho diez)
1492	*Fourteen ninety two*	(catorce noventa y dos)
1914	*Nineteen fourteen*	(diecinueve catorce)
1945	*Nineteen fourty five*	(diecinueve cuarenta y cinco)

Esta forma de indicar fechas se aplica a partir del número 1100 (*eleven hundred* / once cientos). Para cantidades menores se indica el número tal cual pero sin hacer mención al *"y"* después de los cientos:

el año: se dice como:

905	*Nine hundred nine*	(nueve cientos cinco)
1085	*One thousand eighty five*	(Mil ochenta y cinco)
230	*Two hundred thirty*	(Doscientos treinta)

En todos los casos, no olvidarse de mencionar que se trata de cientos con la palabra *"hundred"* (en singular) inmediatamente después de la cantidad de cientos de que se trate.

El manejo de **miles** es más sencillo ya que solamente hay que indicar la palabra *"mil"* (*thousand*) después de la cantidad de miles que se esté manejando (entre 1 y 999).

Así como una cantidad que indica cientos es de 3 cifras, en el caso de miles es de 4, 5 ó 6 cifras:

X(000)	.-	de 1 a 9 miles
XX(000)	.-	de 10 a 99 miles
XXX(000)	.-	de 100 a 999 miles

Como se ve, el número o números antes de las tres últimas cifras indica el número de miles que se esté considerando, o sea, el número al que habrá que aumentarle 3 ceros (000), o bien, que se multiplicará por mil.

La manera de referirse a la cantidad de miles es la misma utilizada con los números entre 1 y 999 ya vista, indicando, cuando los hay, la cantidad de cientos seguidos de la palabra "y" para "cuántos más" se tienen (de 1 a 99), solo que en este caso se trata de miles, <u>lo que se indica inmediatamente después de la cantidad de miles</u> con la palabra "mil" (*thousand*), pasando a la parte correspondiente a cientos en donde se vuelven a aplicar las reglas ya mencionadas.

Al igual que en el caso de cientos, *no se utiliza el plural* para indicar miles (*thousand<u>s</u>*) pues se estaría refiriendo a números fraccionales (milésimas), a excepción de cuando se trata de "**1**" (una centésima, una milésima, un millonésimo, etc.) en donde se utiliza el singular seguido de las palabras "de una" o "de un" (*of a / of an*):

1/1000" = *one thousand <u>of an</u> inch*   (una milésima de pulgada)

Cuando la cantidad que sigue a mil está entre 1 y 99 (es decir que no alcanza los "cientos") se indica el número de miles "y" cuánto más:

1,003   (*One_thousand "and" three*) .- mil "y" tres

25,087   (*Twenty_five thousand "and" eighty seven*) .- veinticinco mil "y" ochenta y siete

603,010   (*Six hundred and three_thousand "and" ten*) .- seicientos tres mil "y" diez

Cuando la cantidad que sigue a los miles es de 100 ó más (hasta 999), después de indicar la cantidad de miles (*thousand*) inmediatamente después de la última cifra (indicado para fines explicativos como "_"), se continúa con el número de cientos que se tengan, *sin ninguna palabra de unión*.

105,800   (*One hundred and five_thousand, eight hundred*) .-   ciento cinco mil ochocientos

29,400   (*Twenty nine_thousand, four hundred*) .-   veintinueve mil cuatrocientos

3,218   (*Three-thousand, two hundred and eighteen*)
                .-   tres mil doscientos dieciocho

Continuando con el tamaño de cifras, lo que sigue son los **millones**.

El manejo de millones es igual al de los miles; entre los millones y los miles tampoco hay palabra de unión (como en el caso de 100 "y" algo más). Inmediatamente después del número de millones se debe indicar con la palabra "*million*" en singular para evitar indicar el número fraccional de *millonésimo*.

Lo único especial en el manejo de millones por su diferencia con la manera en que se hace en español es que, al llegar a 1,000 millones en inglés se pasa a los billones (*billion),* o sea que lo que para nosotros serían:

21,000.000,000   .- veintiun mil millones

en inglés correspondería a:

21.000.000,000   .- veintiun billones (*twenty one billion*)

y de igual forma, lo que en español diríamos como:

8.425,341.193,087   .- ocho billones, cuatrocientos veinticinco mil trescientos cuarenta y un millones, ciento noventa y tres mil ochenta y siete

en inglés se diría como:

8,425.341.193,087   .- *eight thousand four hundred and twenty five billion, three hundred and forty one million, one hundred and ninety three thousand and eighty seven*
                     (ocho mil cuatrocientos veinticinco billones, trescientos cuarenta y un millones, ciento noventa y tres mil ochenta y siete)

Por último, cuando se tienen fracciones decimales, la forma de indicarlo depende de lo que se esté tratando (o dicho en forma más profesional: de las *unidades* de que se trate).

El uso más común se da en dos formas principalmente:

- Si no se indica de qué se habla, simplemente se hace mención al punto y se indica la cifra que continúa:

  378.4862 .- *Three hundred and seventy eight point four thousand eight hundred and sixty two*
  (Trescientos setenta y ocho punto cuatro mil ochocientos sesenta y dos)

  5.6   .- *Five point six*
  (Cinco punto seis)

  19.30   .- *Nineteen point thirty*
  (Diecinueve punto treinta)

- Si se trata de dinero y centavos se puede indicar de tres maneras:

  $48.25   .- *Forty eight pesos and twenty five cents*
  (Cuarenta y ocho pesos y veinticinco centavos)

  o bien:

  $138.05   .- *A hundred and thirty eight pesos with five cents*
  (Ciento treinta y ocho pesos con cinco centavos)

  o en forma corrida:

  $601.90   .- *Six hundred and one pesos, ninety cents*
  (Seicientos un pesos, noventa centavos)

TANFACIL

QUINTA PARTE

LA MISMA IDEA PERO EN DIFERENTE IDIOMA

Para expresar en español:	en inglés se dice:	COMENTARIOS
Bastante bien, bastante bueno	Pretty good	
¡Cálmate!	Get cool! Calm down!	
¡Sé imparcial! ¡Tómalo con calma!	Be cool	
Agarra la onda	Get cool	
¡Cuidado! (¡Aguas!)	Watch out!	
¡Eso es!	That's it!	
¡Quieto! (congélate), ¡No te muevas!	Freeze! Don't move!	
¡Toma!	Here!	
Aquí tienes (¡toma!)	Here you are	
¿De veras?, ¿En verdad?	Really?	
A decir verdad	To be honest To tell the true	(Para ser honesto)
Ahora lo entiendo	Now I get it	
Ahora mismo, ahorita, por ahora	Right now	
Apenas	Hardly	
Así nomás	Just like that	
Aún cuando	Even when Eventough	
Aunque	Tough / Yet	
Aún si…	Even if…	
Cruda, resaca	Hangover	
Chunche	Gadget	
El tiempo que sea	However long	
De una vez por todas	Once and for all Once and for ever	(por siempre, en definitiva)
Deshacerse de algo / alguien	Get rid of	
En ningún momento	At no time	

En realidad, a decir verdad	**Actually**	
Entendido	**Got it**	
Es definitivo	**That's definite** **That's positive** **That's for sure**	
Eso lo explica / con razón	**That figures**	
Estamos a mano, estamos parejos	**We're even**	
Había una vez	**Once upon a time**	
Hasta ahora va bien / hasta ahora todo bien	**So far so good**	
Hasta ahora, hasta ahorita, hasta este momento	**Up to now**	
Hasta donde yo sé	**As far as I know**	
Independientemente de…	**Spite of…**	
Inmediatamente De inmediato (no se lleva tiempo)	**Immediatly** **In no time**	
Lo acabas de conseguir	**You just got it**	
Lo conseguiste	**You got it**	
Lo que sea	**Whatever**	
Muy interesante	**Quite interesting**	
Ni idea	**No idea**	(I got / I have no idea)
Ni siquiera lo pienses	**Don't even think of that**	
No hay forma de…	**There's no way…**	
De ningún modo / de ninguna Manera	**No way**	
No tiene caso	**There's no use**	
Nomás, porque sí	**Just because**	
Ojalá pudiera, desearía poder	**I wish I could**	
Por casualidad	**By any chance**	
Nunca	**Never**	
Jamás	**Ever**	
Por pura / mera casualidad	**By any chances**	

Sin embargo	**Even though**	
Ahí está (Áhi 'stá) ¡Así!	**There!**	
Ahí tienes Ahí lo tienes Así (lo lograste)	**There you are**	
Todo un… / toda una…	**Quite a …**	
¡Qué padre!, ¡está padre!	**Gorgeous**	
Smoking	**Tuxedo**	
Quieto (quédate quieto)	**Still** **(stay still)**	
Pásale / Entra	**Show in**	
Por siempre	**For ever**	
Por siempre jamás	**For ever and ever**	
De una vez por todas	**For good** **Once and for all**	
¡Atrás! / ¡Haste para atrás!	**Back off!**	
De ahí que	**Hence**	
Ahora bien, …	**Now, …**	
El tiempo que sea	**However long**	
No me digas (incredulidad)	**Don't say**	
Hablo en serio	**I mean it**	
Cuando gustes / cuando quieras	**Anytime**	
Vamos	**Come on / C'mon**	
Hablo en serio	**I mean it**	
No te atrevas	**Don't you dare**	
Mantente atento Quédate quieto en espera de	**Stay put**	
Por cierto	**By the way**	
Ser fichado	**To be booked**	
Cuando se dice:	*Equivale a decir:*	
Gonna	**Going to**	
Wanna	**Want to**	

NO CONFUNDIR *AMNESIA* CON *MAGNESIA*

INGLES	significa:	Para decir en español	en inglés se dice:
Fin	Aleta	Fin, final	**End, the end**
Facility, facilities	Instalación(es)	Facilidad	**Easyness**
Casualty, casualties	Bajas (número de muertos (bajas) en batalla)	Casualidad	**Chance**
Fabric	Tela	Fábrica	**Factory**
Discuss	Exponer, explicar	Discutir (discusión, pleito) Argumento (de novela, p. ej.)	**Argue (argument) Plot**
Compass	Brújula	Compás	**Plotter**
Figures	Cifras	Forma Figura (..agradable)	**Shape (nice figure)**
Policy, policies	Política(s), reglamento(s)	Policía	**Police**
Actually	A decir verdad	Actualmente	**Nowadays Presently**
Idioms	Expresiones del lenguaje	Idiomas	**Languages**
Smoking	Fumando	Smoking (traje de etiqueta)	**Tuxedo**
Groceries	Abarrotes	Grocerías	**Nasty words Bad words**

QUINTA PARTE - Verbos Irregulares

VERBOS IRREGULARES

	INFINITIVO (To…)	PASADO SIMPLE	PARTICIPIO
Ser o estar	be	was/were	been
Pegar, golpear	beat	beat	beaten
Volverse	become	became	become
Empezar	begin	began	begun
Doblar, someter, domar	bend	bent	bent
Apostar	bet	bet	bet
Morder	bite	bit	bitten
Soplar	blow	blew	blown
Romper, quebrar	break	broke	broken
Traer	bring	brought	brought
Edificar	build	built	built
Reventar	burst	burst	burst
Comprar	buy	bought	bought
Coger, agarrar, cachar	catch	caught	caught
Escoger	choose	chose	chosen
Venir, llegar	come	came	come
Costar	cost	cost	cost
Cortar	cut	cut	cut
Lidiar, hacer un trato	deal	dealt	dealt
Cavar	dig	dug	dug
Hacer	do	did	done
Tirar, arrastrar	draw	drew	drawn
Beber	drink	drank	drunk
Conducir	drive	drove	driven
Habitar	dwell	dwelt	dwelt
Comer	eat	ate	eaten
Caer	fall	fell	fallen
Alimentar	feed	fed	fed
Sentir	feel	felt	felt
Combatir	fight	fought	fought
Encontrar	find	found	found
Volar	fly	flew	flown
Prohibir	forbid	forbade	forbidden

337

(VERBOS IRREGULARES)

	INFINITIVO (To…)	PASADO SIMPLE	PARTICIPIO
Olvidar	forget	forgot	forgotten
Perdonar	forgive	forgave	forgiven
Helar	freeze	froze	frozen
Obtener, conseguir	get	got	got
Dar, entregar	give	gave	given
Ir	go	went	gone
Crecer	grow	grew	grown
Colgar	hang	hung	hung
Haber, tener	have	had	had
Oir	hear	heard	heard
Esconder	hide	hid	hidden
Chocar, golpear	hit	hit	hit
Tener,retener,ocupar	hold	held	held
Herir	hurt	hurt	hurt
Guardar, conservar	keep	kept	kept
Conocer	know	knew	known
Calmar,extender,colocar	lay	laid	laid
Liderear, guiar,conducir	lead	led	led
Dejar, abandonar	leave	left	left
Prestar	lend	lent	lent
Dejar,permitir	let	let	let
Yacer, descansar	lie	lay	lain
Ligero, ágil	light	lit	lit
Perder	lose	lost	lost
Hacer, crear	make	made	made
Significar,querer decir	mean	meant	meant
Encontrar, conocer	meet	met	met
Pagar	pay	paid	paid
Poner, colocar	put	put	put
Leer	read (riid)	read (red)	read (red)
Cabalgar	ride	rode	ridden
Sonar	ring	rang	rung
Levantarse	rise	rose	risen

(VERBOS IRREGULARES)

	INFINITIVO (To…)	PASADO SIMPLE	PARTICIPIO
Correr	run	ran	run
Decir	say	said	said
Ver	see	saw	seen
Buscar	seek	sought	sought
Vender	sell	sold	sold
Enviar	send	sent	sent
Fijar,establecer	set	set	set
Coser	sew	sewed	sewn / sewed
Sacudir	shake	shook	shaken
Brillar	shine	shone	shone
Disparar,lanzar,arrojar	shoot	shot	shot
Mostrar,manifestar	show	showed	shown
Estrechar	shrink	shrank	shrunk
Cerrar	shut	shut	shut
Cantar	sing	sang	sung
Hundir	sink	sank	sunk
Sentar, permanecer	sit	sat	sat
Dormir	sleep	slept	slept
Hablar	speak	spoke	spoken
Gastar	spend	spent	spent
Rasgar, romper, dividir	split	split	split
Extender,derramar	spread	spread	spread
Brotar, nacer	spring	sprang	sprung
Parar, soportar	stand	stood	stood
Robar	steal	stole	stolen
Herir	stick	stuck	stuck
Picar, punzar	sting	stung	stung
Heder, apestar	stink	stank	stunk
Pegar,golpear,lanzar	strike	struck	struck
Jurar	swear	swore	sworn
Barrer	sweep	swept	swept
Nadar	swim	swam	swum
Mecer	swing	swung	swung

(VERBOS IRREGULARES)

	INFINITIVO (To…)	PASADO SIMPLE	PARTICIPIO
Tomar	take	took	taken
Enseñar	teach	taught	taught
Desgarrar, romper	tear	tore	torn
Decir (a alguien)	tell	told	told
Pensar, imaginar	think	thought	thought
Lanzar,arrojar	throw	threw	thrown
Comprender	understand	understood	understood
Despertar	wake	woke	woken
Llevar, gastar	wear	wore	worn
Ganar	win	won	won
Escribir	write	wrote	written

INFORMACION
DE
RESPALDO

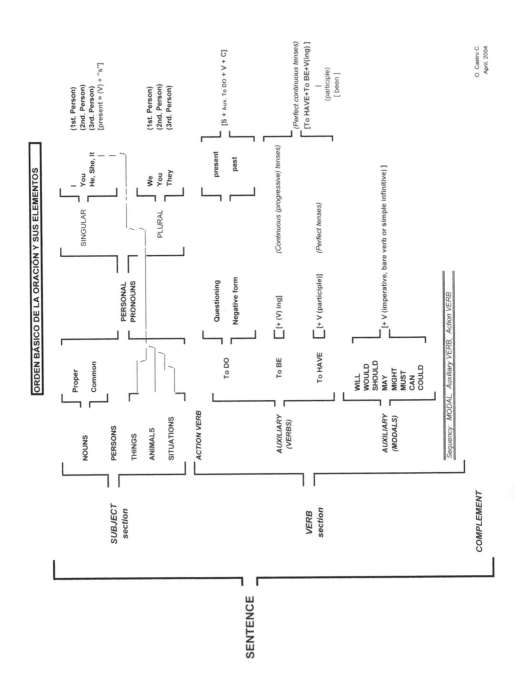

ORDEN BÁSICO DE LA ORACIÓN Y SUS ELEMENTOS

SENTENCE

VERBOS AUXILIARES

To DO (HACER)

PRESENTE	PASADO

I	do .-	Yo hago	I	did .-	Yo hice
You	do .-	Tú haces	You	did .-	Tú hiciste
He, She, It	does .-	Él, Ella, Ello hace	He, She, It	did .-	Él, Ella, Ello hizo
We	do .-	nosotros hacemos	We	did .-	nosotros hicimos
You	do .-	ustedes hacen	You	did .-	ustedes hicieron
They	do .-	ellos hacen	They	did .-	ellos hicieron

To BE (ESTAR)

PRESENTE	PASADO

I	am .-	Yo estoy	I	was .-	Yo estaba
You	are .-	Tú estás	You	were .-	Tú estabas
He, She, It	is .-	Él, Ella, Ello está	He, She, It	was .-	Él, Ella, Ello estaba
We	are .-	nosotros estamos	We	were .-	nosotros estábamos
You	are .-	ustedes están	You	were .-	ustedes estaban
They	are .-	ellos están	They	were .-	ellos estaban

To HAVE (HABER)

PRESENTE	PASADO

I	have .-	Yo he	I	had .-	Yo había / hube
You	have .-	Tú has	You	had .-	Tú habías / hubiste
He, She, It	has .-	Él, Ella, Ello ha	He, She, It	had .-	Él, Ella, Ello había/hubo
We	have.-	nosotros hemos	We	had .-	nosotros habíamos/hubimos
You	have .-	ustedes han	You	had .-	ustedes habian / hubieron
They	have .-	ellos han	They	had .-	ellos habían / hubieron

Cuadro
de
NEGACIONES
(Negative Form)

Aux. To DO + *not*   [They do not want to go]
                               (*Ellos no quieren ir*)

Aux. To BE + *not*   We were not prepared]
                               (*No estábamos preparados*)

Aux. To HAVE + *not*   [She has not been sincere]
                               (*Ella no ha sido sincera*)

MODAL + *not*   [You shouldn´t be that way]
                               (*No deberías ser así*)

NOT (TO) + verb   [I prefer not *to* smoke]
                               (*Prefiero no fumar*)

NOT + verb+(ing)   [The worst thing to do is not try<u>ing</u>]
                               (*La peor cosa es no trat<u>ar</u>*)

TANFACIL

VERBOS CON PARTICIPIO EN FORMA DE VERBO REGULAR Y DE VERBO IRREGULAR

INFINITIVO	PASADO / PARTICIPIO		
Burn	burnt	or	burned
Dream	dreamt	or	dreamed
Lean	leant	or	leaned
Learn	learnt	or	learned
Smell	smelt	or	smelled
Spell	spelt	or	spelled
Spill	spilt	or	spilled
Spoil	spoilt	or	spoiled

TANFACIL

EL IMPERDONABLE ERROR

NUNCA DECIR	*para decir:*	*HAY QUE DECIR*	
Do you <u>are</u>?	¿Eres? / ¿Estás?	*Are you*?	
Does she know<u>s</u>?	¿Ella sabe?	Does she *know*?	
Did you <u>saw</u>?	¿Viste?	Did you *see*?	
I will <u>am</u>	Seré	I will <u>*be*</u>	(*)
Could you <u>are</u>?	¿Podrías?	Could you <u>*be*</u>?	(*)
We will <u>can</u>	Podremos	We will <u>*be able to*</u>	(**)
I would <u>can</u>	Yo podría	I would <u>*be able to*</u>	(**)
I have <u>could</u>	He podido	I have <u>*been able to*</u>	(***)

(*) .- Después de un *modal* el verbo al que afecta debe estar en infinitivo simple.

(**) .- Un *modal* no puede afectar a otro modal.

(***) .- El verbo afectado por el auxiliar *To have* queda en participio y *could* no es participio de *Can* pues tanto Can como Could son *modales* y no *verbos*.

No, I *wouldn't* like more   No, ya no quiero   No, I don't want any
[NO se utiliza el WOULD en el caso de una negación]

Tampoco se puede contestar:
    No, I *don't want to*   [Ver capítulo sobre "Countable
    Yes, I *like*   nouns" sección "Want y Would
    Yes, I *like some*   like" con "Can y May"]

NUNCA DECIR:

    To WILL
    To WOULD
    To CAN   [Los así llamados "*Verbos* modales"
    To COULD   carecen de infinitivo porque <u>no son
    To MAY   verbos</u>]
    To MIGHT
    To SHOULD
    To MUST

NUNCA DECIR	*para decir:*	*HAY QUE DECIR*
They are / were <u>wanting</u> to...	Ellos están / estaban queriendo / deseando...	They are / were <u>wishing</u> to...
I´m liking	Me está gustando	I´m getting to like (Me está llegando a gustar) It´s getting to like me (Me está llegando a gustar)
Do you your job?	¿Haces tu trabajo?	Do you do your job?
Does she her job? Does she does her job?	¿Hace (ella) su trabajo?	Does she do her job?
Did we our job? Did we did our job?	¿Hicimos nuestro trabajo?	Did we do our job?